Peter Laudenbach
VOLKSTHEATER

AF198031

Peter Laudenbach

VOLKS THEATER

Der rechte Angriff auf die Kunstfreiheit

Verlag Klaus Wagenbach   Berlin

INHALT

*Für
Die Vielen*

1 DER KOFFER MIT DEN HAKENKREUZEN

An einem Dienstag im September entdeckt ein neun-
jähriger Junge auf dem Theatervorplatz in Jena einen
alten Koffer hinter einem Mülleimer. Auf Vorder- und
Hinterseite prangt jeweils ein schwarzes Hakenkreuz in
einem weißen Kreis. Als er seiner Mutter von dem Koffer erzählt, glaubt sie, er habe ein Bühnenrequisit gefunden. Der Junge gibt seinen Fund am Theater ab, wo sich
zunächst ebenfalls niemand dafür interessiert. Erst am
nächsten Tag öffnet ein Theatermitarbeiter den Koffer
und erschrickt: Im Koffer ist ein Sprengsatz verbaut.
»Die Kriminaltechniker finden ein Metallrohr, Drähte,
Knetmasse, einen funktionsfähigen Zünder und zehn
Gramm TNT, aber es fehlt die Energiequelle, um die
Bombe zu zünden.«[1]

Hakenkreuz-Verehrer, die solche Attrappen basteln,
können auch funktionsfähige Sprengsätze herstellen.
Der Koffer ist eine Hassbotschaft. Sie richtet sich gegen
das Theater, vor dem er abgestellt wurde, aber auch gegen die offene, angstfreie, diverse Stadtgesellschaft mit
ihren Begegnungsräumen auf dem Theatervorplatz: »Er
ist in der Neonazi-Szene als Treffpunkt der Alternativen

verschrien. Erst vor wenigen Tagen hatte auf dem Platz ein Konzert stattgefunden.«[2] Wäre die Attrappe eine echte Bombe gewesen, hätte ihre Explosion jede und jeden treffen können. Deshalb steht der Bombenkoffer auf dem Theaterplatz am Beginn dieses Buches.

Die Neue Rechte hat die Kultur und Kunst als ergiebiges Kampffeld für sich entdeckt. Seit einigen Jahren bewirtschaftet sie es energisch. AfD-Politiker:innen reichern ihre zahlreichen kulturpolitischen Interventionen und öffentlichen Auftritte mit Polemiken und Beleidigungen gegen Künstler:innen an. Andere Akteur:innen demonstrieren ihr Ressentiment gegen die Kunstfreiheit mit Mord- und Bombendrohungen und bringen es in Brandanschlägen, Sachbeschädigungen und Demonstrationen zum Ausdruck. Marc Jongen, der kulturpolitische Sprecher der AfD-Bundestagsfraktion, und der AfD-Extremist Björn Höcke sprechen offen von einem »Kulturkampf«.[3] Mit Formulierungen wie der »Entsiffung des Kulturbetriebs«, zu der beizutragen ihm »Ehre und Freude« sein werde[4], beweist Jongen, dass auch ein AfD-Parlamentarier mit Doktortitel und betont bürgerlichem Habitus das Hassvokabular des Rechtsextremismus beherrscht.

Die rechten Übergriffe zielen nicht nur auf die jeweils unmittelbar davon Betroffenen. Sie sind kein Nischenproblem einiger Kunstinteressierter. Die attackierten

Theater, Buchhandlungen, Musikfestivals und Kulturzentren stehen stellvertretend für eine halbwegs liberale,
demokratische Gesellschaft. Zu den Selbstverständlich-
keiten und Voraussetzungen einer funktionierenden
Demokratie gehören informelle und rechtliche Nor-
men, der Schutz von Minderheiten, Meinungs- und
Kunstfreiheit, aber auch Mindeststandards des respekt-
vollen Umgangs. Sie benötigen, so der Politikwissenschaftler Jan-Werner Müller, »etwas schwer zu Fassen-
des, wie kollektive Einstellungen, zum Beispiel dass die
Bürger bereit sind, einander zivilisiert und mit Respekt
zu begegnen«[5]. Die rechten Übergriffe gegen Kultureinrichtungen richten sich gegen diese Grundlagen einer
demokratischen Gesellschaft.

Das sehr viel weitere Feld der rechten Kulturkämpfe
bildet den Rahmen dieser Angriffe auf die Kunstfreiheit. In dieses Feld gehören die von dem französischen
Rechtsextremen Alain de Benoist inspirierten und von
den deutschen Lautsprechern einer rechten Identitäts-
politik propagierten Bemühungen um kulturelle Hegemonie, die Paranoiavisionen eines angeblich vom
»Great Reset« bedrohten »Abendlandes« sowie die Wut
deutscher Gartenzwerge, die für ihr Nationalgefühl
dringend das »Zigeunerschnitzel« und das Recht auf
ein bisschen Rassismus und Homophobie benötigen.[6]
Der hier verwendete Begriff »Neue Rechte« ist sicher
etwas pauschal und der aktuelle Rechtsextremismus

alles andere als »neu«. Als Sammelbegriff kann er dennoch nützlich sein, um das breite Spektrum rechter, rechtspopulistischer und rechtsradikaler Parteien, Akteur:innen und Bewegungen zu bezeichnen.[7]

Theater, Konzerthäuser, Bibliotheken und Kunstausstellungen wollen zugänglich sein und sich nicht in der eigenen Exklusivität verschanzen. Gleichzeitig schaffen sie Bühnen der Aufmerksamkeit. Das macht sie zu weichen, ungeschützten und damit besonders attraktiven Zielen der rechten Aggression. Wenn in Kassel die lokale AfD zu Demonstrationen gegen das Kunstwerk eines documenta-Teilnehmers aufruft, das den Bibel-Vers »Ich war ein Fremdling und ihr habt mich beherbergt« zitiert, und wenn der AfD-Stadtverordnete Thomas Materner diese Skulptur als »ideologisch polarisierende, entstellte Kunst« beschimpft[8], wirkt die prominent im öffentlichen Raum sichtbare Skulptur wie ein Verstärker für das eigentliche Anliegen der rechten Akteur:innen, ihre Fremdenfeindlichkeit zu demonstrieren. Wenn einige Aktivisten der »Identitären Bewegung«, die modisch frisierte Nachwuchsfraktion der Hardcore-Rechten, am Wiener Burgtheater und am Deutschen Theater Berlin lautstark Vorstellungen stören[9], mag ihnen der Auftritt vor Theaterpublikum für einen Moment die narzisstische Illusion von Bedeutung auf großer Bühne verschaffen. Die identitär bewegten Selbstdarsteller missbrauchen die Theater dabei als

Bildhintergrund für ihre Social-Media-Videos. Das ist insofern ehrlich, als sich die Aktionen der Performance-Rechten als schlechtes Theater outen.

Um das Ausmaß der Übergriffe auf die Kunstfreiheit zu erfassen, habe ich in Zusammenarbeit mit dem Kulturbündnis »Die Vielen«, mit Hilfe von zahlreichen Kulturinstitutionen, Einzelpersonen und Pressearchiven versucht, entsprechende Vorfälle möglichst genau und vollständig zu dokumentieren. Die für die Jahre 2016 bis 2021 erfassten gut 100 Fälle reichen von zahlreichen Morddrohungen und Beleidigungen bis zu schwerer Sachbeschädigung, Sprengstoff- und Brandanschlägen und Körperverletzung. Ebenfalls dokumentiert wurden unmittelbar gegen Künstler:innen und Kultureinrichtungen gerichtete öffentliche Äußerungen von AfD-Mandatsträger:innen. Die Dokumentationen der Übergriffe sind 2019 und 2021 zuerst in der *Süddeutschen Zeitung* erschienen.[10] Die zugrundeliegende Recherche lieferte die Datenbasis für dieses Buch. Die Chronik der Übergriffe ist im Anhang abgedruckt.[11] Meine systematische Recherche erfasst nur den Zeitraum bis 2021, aber auch danach haben weitere Übergriffe stattgefunden.

Die Recherche dokumentiert, dass sich im untersuchten Zeitraum im Schnitt jeden Monat ein bis zwei rechte Übergriffe gegen die Kunstfreiheit ereignet haben. Ohne die von der Pandemie erzwungenen

Einschränkungen des Veranstaltungsbetriebs wäre die Gesamtzahl der erfassten Übergriffe vermutlich noch höher ausgefallen. Die Dokumentation ist unvollständig, auch weil ich nicht öffentlich bekannt gewordene Vorfälle nur mit Zustimmung der Betroffenen veröffentlicht habe.

Betroffen von den Übergriffen sind zahlreiche Künstler:innen und Kultureinrichtungen aller Genres – Musikfestivals, Buchhandlungen, Theater, Kunstwerke im öffentlichen Raum, Kabarett- und Revue-Bühnen, Jugendzentren und Bibliotheken. Nach dem Eindruck der Verantwortlichen in den Kultureinrichtungen haben die Übergriffe seit Mitte der 2010er Jahre deutlich zugenommen. Das deckt sich mit einer Studie von Politikwissenschaftler:innen der Universität Kassel. 80 Prozent der von ihnen befragten Bundesverbände verschiedener Segmente des Kulturbetriebs sehen ein »zunehmendes« oder »stark zunehmendes« Gefahrenpotential durch rechte Aktivitäten. 40 Prozent der befragten Bundesverbände und 57 Prozent der Landesverbände halten die Konsequenzen für die von ihnen vertretenen Kulturinstitutionen für »gefährlich« oder »sehr gefährlich«. Der Zusammenhang zum Aufstieg der AfD ist dabei evident: »Je höher der Zweitstimmenanteil der AfD (im jeweiligen Bundesland) ist, desto eher sehen die Verbände eine Gefahr für die eigenen Organisationen.«[12]

Aber rechte Übergriffe auf die Kunstfreiheit sind nicht auf AfD-Hochburgen beschränkt, sie finden bundesweit statt. Auslöser sind oft konkrete Kunstwerke oder Theateraufführungen, etwa mit Geflüchteten, oder Projekte, die sich mit dem historischen Nationalsozialismus oder dem aktuellen Rechtsextremismus auseinandersetzen. Kultureinrichtungen können allerdings auch alleine durch ihre Existenz Aggressionen auf sich ziehen. Die Übergriffe sind nicht zentral gesteuert, in der Regel gehen sie von lokalen Akteur:innen aus. Diese sind jedoch oft überregional gut vernetzt, so dass lokale Vorfälle schnell ein bundesweites Echo auslösen. Die rechten Akteur:innen lernen voneinander und entwickeln Routinen in der Bedrohung ihrer Gegner. Sie verwenden wiederkehrende rhetorische Muster zur Begründung ihrer Aktionen. Dazu gehört die Behauptung, mit ihrem demokratischen Engagement würden Kultureinrichtungen gegen das Gebot parteipolitischer Neutralität verstoßen. Diese Anschuldigung ist nicht haltbar. Zwar gilt für Beamte in Ausübung ihrer Tätigkeit das Gebot der politischen Neutralität: Richter:innen oder Staatsanwält:innen dürfen im Dienst Parteifreund:innen nicht bevorzugen, die Erteilung von Baugenehmigungen darf nicht von den politischen Vorlieben der zuständigen Beamt:innen beeinflusst werden, Lehrer:innen dürfen im Unterricht nicht zur Wahl einer bestimmten Partei aufrufen. Das gilt auch für Kultureinrichtungen. Aber natürlich können sie sich in ihrer Arbeit mit politischen Fragen oder mit Themen wie rechten Angriffen auf die Demokratie und die Werte des Grundgesetzes beschäftigen. Der von rechten Akteur:innen öffentlich erhobene Vorwurf eines angeblichen Verstoßes gegen die Neutralitätspflicht dient vor allem der Mobilisierung der eigenen Anhängerschaft und will Kultureinrichtungen diskreditieren.

Neben lokalen Akteur:innen polemisieren auf Landes- und Bundesebene AfD-Politiker:innen gezielt und systematisch gegen bestimmte Kultureinrichtungen und Projekte, aber auch pauschal gegen »ein Lumpenproletariat an Möchtegern-Künstlern«[13]. In der innerparteilichen Konkurrenz scheint die lautstarke Polemik gegen die Kunstfreiheit als Mittel der Selbstprofilierung attraktiv zu sein. Pünktlich zum Redaktionsschluss dieses Buches im Januar 2023 beklagt die Bundestagsfraktion der AfD in einem Antrag ganz prinzipiell »die Ideologisierung der Kulturpolitik«, die „mit jeder Legislaturperiode weniger auf die Stiftung kultureller Identität ausgerichtet« sei. Die AfD-Fraktion fordert die Bundesregierung auf, »die aktuelle Reduktion kultureller Identität auf eine Schuld- und Schamkultur, die die Regierungspolitik und weite Teile der öffentlichen Meinung dominiert, durch positive Bezugspunkte kultureller Identität zu korrigieren, um die aktive Aneignung kultureller Traditionen und identitätsstiftender Werte wieder in den Vordergrund zu rücken.«[14] In ihren Augen sollte die Kulturpolitik offenbar vor allem einer nationalen Selbstfeier und Geschichtsverharmlosung dienen.

Die Strategie, Übergriffe auf die Kunstfreiheit zur gesellschaftlichen Polarisierung wie zur Selbstdarstellung zu nutzen, ist nicht neu. Bereits 1988 störten Rechtsradikale Claus Peymanns Uraufführung von Thomas Bernhards *Heldenplatz* am Wiener Burgtheater, ein Stück über die nicht vergangene, immer noch virulente nationalsozialistische Geschichte Österreichs. Einer der damaligen Störer war der rechte Aktivist Heinz-Christian Strache, der es später zum FPÖ-Vorsitzenden und 2017 sogar zum österreichischen Vizekanzler gebracht hat. 2019 musste er infolge des berühmt gewordenen Ibiza-Videos, einem bizarren Sittenbild rechter Machtphantasie, zurücktreten, 2021 wurde er in erster Instanz wegen Bestechlichkeit verurteilt. Der einstige Theaterstörer ist selbst zu einer Figur wie aus einem Schmierenboulevardtheaterstück des Grauens geworden.

Welchen Zweck verfolgen die unterschiedlichen Akteure mit ihren Übergriffen gegen Kunsteinrichtungen? Welche Handlungsmuster und ideologische Versatzstücke kommen dabei zum Einsatz? Und weshalb wird etwas so Vieldeutiges und schwer Fassbares wie Kunst überhaupt zum Objekt rechter Aggression? Weshalb pöbeln in Zwickau Nazis gegen eine harmlose Pop-Art-Ausstellung von Pipilotti Rist? Welche Rolle spielen Gewaltandrohungen?

2 INSZENIERUNG DER GEWALT

Der Koffer mit den Hakenkreuzen wurde 1997 vor dem Theater in Jena deponiert, also deutlich vor der Welle der Übergriffe, die zwei Jahrzehnte später zum Stresstest für die Kunstfreiheit geworden sind. Die Hassbotschaft mit Hakenkreuzverzierung war eine der ersten kriminellen Aktionen der späteren Mörder des »Nationalsozialistischen Untergrund«. Sie gehört wie ein Auftritt in SA-Uniform in der Gedenkstätte des früheren Konzentrationslagers Buchenwald, an die Lokalredaktion der *Thüringischen Landeszeitung* und an die Stadtverwaltung Jena geschickte Briefe mit Bombenattrappen oder eine von einer Autobahnbrücke herabhängende Puppe mit gelbem Stern zu einer Serie von Einschüchterungsversuchen und Propagandadelikten, die sie 1996 und 1997 verübten, bevor sie im Januar 1998 in den Untergrund gingen. In der Mordserie des NSU setzt sich die Gewaltandrohung in terroristischen Gewaltakten fort.

Die Täter, die den Koffer auf dem Theaterplatz wie auf einer großen Bühne abstellen, zielen auf die größtmögliche Wirkung im öffentlichen Resonanzraum. Ihre Kofferinstallation ist selbst ein theatralischer Akt, vielleicht nicht unbedingt ein »stummer Schrei nach Liebe« (*Die Ärzte*), aber auf jeden Fall ein Schrei nach Aufmerksamkeit mit Hilfe toxischer Zeichen und etwas TNT. Es wirkt, als würden sich die Bombenattrappen-Bastler mit beschränkten Mitteln am Remake eines Historienfilms versuchen und den rechtsradikalen Terror in der Endphase der Weimarer Republik imitieren: Ein paar Glatzen blähen sich zum »nationalen Widerstand« auf. Die erste spontane Vermutung, bei dem Koffer könne es sich nur um ein Theaterrequisit aus einem historischen Stück handeln, entspricht dem Operettenhaften der inszenierten Aktion. Die Mutter des Jungen und die Theatermitarbeiter:innen, die den Koffer eher verwundert als schockiert in Empfang nehmen, lassen die Intention der Täter, Macht zu demonstrieren und Angst auszulösen, ins Leere laufen. Sie halten die Hakenkreuzbemalung für schlechtes Theater und eine billige Schockdekoration.

Dagegen lässt sich eine Bombenattrappe nicht schulterzuckend ignorieren. Dass die Gewaltandrohung als Aufmerksamkeitsgenerator, als Geste der Machtdemonstration und Signal der Entschlossenheit hervorragend funktioniert, macht den Schritt von der symbolischen zur physischen Gewalt attraktiv. Die Bombenattrappe der späteren NSU-Mörder verweist darauf, dass die Übergriffe gegen Theater und andere Orte der Kunst nicht aus ästhetischen Gründen stattfinden. Sie sind keine Fortsetzung der Kunstkritik mit anderen Mitteln, weil jemand zum Beispiel mit dem modernen Regietheater oder abstrakter Kunst hadert, sondern Akte symbolischer Gewalt.

Spätestens seit den Morden des NSU und seit der Ermordung des Kasseler Regierungspräsidenten Walter Lübcke durch einen Rechtsterroristen muss man die zahlreichen Gewalt- und Morddrohungen gegen Künstler:innen ernster nehmen. Anonyme Briefschreiber:innen können sich mit geringem Aufwand ein Machtgefühl verschaffen und andere Menschen mit ihren Gewaltphantasien in Angst versetzen. Das betrifft seit Jahren auch zahlreiche Künstler:innen. Jan Gorkow, der Sänger der kämpferisch antifaschistischen Band *Feine Sahne Fischfilet*, lebt schon lange mit solchen Bedrohungen: »Mein Name steht auf vielen Todeslisten«. Der politisch engagierte Pianist Igor Levit erhält 2019 die konkrete Ankündigung eines Anschlags auf eines seiner Konzerte. Das Konzert muss unter Polizeischutz stattfinden. Die Kabarettistin İdil Baydar erreichen im Vorfeld ihrer Rede auf der Kundgebung zum Gedenken an den rassistischen Brandanschlag von Mölln anonyme Morddrohungen. Einige dieser Drohungen sind unterzeichnet mit »NSU 2.0« oder »SS Obersturmbannführer« und werden an ihre Privatadresse geschickt. Auch die Comedyautorin und antifaschistische Bloggerin Jasmina Kuhnke wird 2021 unmittelbar in ihrem privaten Umfeld bedroht: Im Internet wird ein Video ihres Wohnhauses mit dem Aufruf, sie zu »massakrieren«, verbreitet. Die Botschaft ist klar: Wir wissen, wo du wohnst.[15] Es bleibt nicht immer bei der Androhung von Gewalt. 2020 verüben in Bremen Unbekannte während eines Rockkonzerts einen Brandanschlag auf das linke Jugendzentrum Friese. Der Backstagebereich brennt komplett aus, mehrere Besucher:innen erleiden Rauchvergiftungen. Am Tatort werden Aufkleber rechtsradikaler Parteien gefunden. Mitarbeiter:innen des Jugendzentrums beobachten im Tatzeitraum ortsbekannte Rechtsradikale in der Nähe des Gebäudes. Der Staatsschutz ermittelt wegen des Verdachts einer rechtsextrem motivierten Straftat. 2022 wird gegen drei Tatverdächtige Anklage wegen Brandstiftung und Körperverletzung erhoben. Sie sollen laut Innenbehörde Kontakte in die rechtsextremistische Szene haben. In Chemnitz wird 2016 bei einem nächtlichen Sprengstoffanschlag auf das Kulturzentrum Lokomov das Schaufenster zerstört. Im Gebäude befinden sich während des Anschlags mehrere Personen. Das Kulturzentrum hatte sich im gleichen Monat an dem Theaterfestival *Unentdeckte Nachbarn* beteiligt, das den NSU und die rechte Szene in Sachsen thematisierte. Der Anschlag setzt eine ganze Reihe von Übergriffen auf das Kulturzentrum fort, bei denen Scheiben eingeschmissen, die Fassade mit Farbbeuteln beworfen und Pflastersteine durch das Fenster geworfen werden. Auch hier geht die Polizei von politisch motivierten Täter:innen aus.[16]

Die anonymen Mord- und Bombendrohungen sind keine isolierten Phänomene. Immer wieder begleiten sie wie Beiboote öffentlich vorgebrachte Polemiken gegen Kultureinrichtungen. Dahinter steht ein informelles Zusammenspiel unterschiedlicher Akteur:innen. Drei Beispiele: Der Intendant des Berliner Revuetheaters Friedrichstadtpalast hatte sich 2017 öffentlich gegen die AfD ausgesprochen. Im Oktober fordert der Berliner AfD-Landtagsabgeordnete Dieter Neuendorf, die Subventionen des Friedrichstadtpalastes in prozentualer Höhe des AfD-Wahlergebnisses zu kürzen: »Mittels eines qualifizierten Sperrvermerks in Höhe von 12,6 Prozent der Mittel möchte die AfD dem Intendanten Zeit geben, sein Demokratieverständnis zu überdenken.« Den Intendanten erreichen zur gleichen Zeit zahlreiche Morddrohungen, das Theater erhält rund 600 Hassmails und -briefe, Servicemitarbeiter:innen werden am Telefon lautstark beschimpft. Nach einer Bombendrohung muss eine ausverkaufte Vorstellung unterbrochen und das Theater von der Polizei geräumt werden.[17]

Zweites Beispiel: In Februar 2017 demonstrieren in Dresden Pegida-Anhänger:innen mit »Volksverräter«-Rufen und Trillerpfeifen gegen die Einweihung eines Antikriegs-Mahnmals des syrisch-deutschen Künstlers

Manaf Halbouini, drei hochkant gestellte Busse auf dem Neumarkt. Die Demonstrant:innen brüllen den Oberbürgermeister Dirk Hilbert (FDP) bei seiner Eröffnungsrede nieder, das Mahnmal muss von der Polizei geschützt werden. Aktivisten der rechtsextremen Identitären Bewegung hängen einige Tage später ein Transparent an die Busse (»Eure Politik ist Schrott«) und verbreiten Bilder dieser Aktion auf Facebook. Die kulturpolitische Sprecherin der AfD-Landtagsfraktion Karin Wilke erklärt, das Kunstwerk sei eine Provokation: »Offenbar will man ganz bewusst die Dresdner düpieren.« Der Künstler und der Oberbürgermeister erhalten Hassmails und Morddrohungen, der Oberbürgermeister steht einige Zeit unter Polizeischutz. Im Internet wird dazu aufgerufen, vor sein Haus zu marschieren. Der prominente sächsische AfD-Politiker Jens Maier, von 2017 bis 2021 für die AfD im Bundestag, verkündet, der Oberbürgermeister sei seines Amtes unwürdig. Die Junge Alternative Dresden pöbelt auf Facebook: »Herr Hilbert, Sie widern uns an!« In den Kommentaren zu dieser Facebook-Meldung wird vom Lynchmord an dem Oberbürgermeister phantasiert. Die aggressiven Äußerungen der AfD-Funktionäre, die wütende Demonstration und die offenen Gewaltandrohungen zeigen ein Spektrum der Eskalationsbereitschaft, in dem unterschiedliche Akteure in der Aversion gegen den gemeinsamen Feind verbunden sind.[18]

Drittes Beispiel: Im Landtag von Sachsen-Anhalt polemisieren Abgeordnete der AfD 2016 gegen eine Produktion des Anhaltischen Theaters Dessau, *Das Fremde so nah*, ein Tanzprojekt mit deutschen und geflüchteten syrischen Jugendlichen. Anstelle »linksliberaler Vielfaltsideologien« fordert Hans-Thomas Tillschneider, der kulturpolitische Sprecher der AfD-Landtagsfraktion, eine »Renaissance der deutschen Kultur«. Der AfD-Landtagsabgeordnete Gottfried Backhaus erklärt, es handle sich um »ein manipulatives Theater-Projekt, das darauf abzielt, Jugendlichen den Sinn für die Differenz zwischen dem Eigenen und dem Fremden abzuerziehen«. Als das Theater Dessau die Spielzeit, auch als Reaktion auf das Erstarken des Rechtsextremismus und den Einzug der AfD in den Landtag, programmatisch mit George Taboris Hitler-Farce *Mein Kampf* eröffnet, werden im Vorfeld der Premiere Schaukästen des Theaters beschmiert und Plakate abgerissen. Der Versuch, das Banner am Theater anzuzünden, scheitert. Die Premiere muss unter Polizeischutz stattfinden, berichtet die damalige Schauspieldirektorin des Theaters. Die Sachbeschädigungen wirken wie die Fortsetzung der Polemik aus der AfD mit anderen Mitteln.[19]

Der Soziologe Wilhelm Heitmeyer analysiert das Zusammenspiel kulturpolitischer Interventionen, etwa in Landesparlamenten, und der Androhung oder Ausübung von Gewalt mit dem von ihm entwickelten

Modell der Bedrohungsallianzen: »Die Akteure sind dabei nicht notwendig identisch.« Die AfD-Abgeordneten, die verlangen, dass beispielsweise dem Berliner Revuetheater Friedrichstadtpalast Gelder gestrichen werden, sind vermutlich nicht die gleichen Personen, die Mord- und Bombendrohungen schicken. Aber »die unterschiedlichen Akteure verschaffen einander den Eindruck von Legitimation. Diese Legitimationsbrücken tragen zur Verschärfung der Eskalation bei.« Heitmeyers Beispiel: »Jemand wie der AfD-Politiker Tillschneider in Sachsen-Anhalt nutzt seine Reden im Landtag, um etwa gegen ein weltoffenes Musikfestival zu polemisieren. Andere Akteure, die Morddrohungen an die Privatadresse des Intendanten dieses Festivals schicken, können sich von solchen Reden im Parlament ermutigt und bestätigt fühlen. Genau so funktionieren rechte Bedrohungsallianzen.«[20]

Natürlich kann man AfD-Politiker:innen nicht pauschal für militante Übergriffe auf Kultureinrichtungen verantwortlich machen. Selbstverständlich distanzieren sich AfD-Mandatsträger:innen von Rechtsterrorist:innen und kriminellen Akten wie Mord- und Bombendrohungen. Als Abgeordnete einer Oppositionspartei haben sie das Recht, ihre parlamentarischen Anfragen und Anträge zu stellen (die besondere Funktion der rechten Kampfrhetorik in Parlamenten wird im 3. Kapitel etwas genauer betrachtet).

Aber auch parlamentarische Anträge lassen sich bei Bedarf gezielt zum Zweck einer Eskalationsstrategie einsetzen: »Wenn die kulturpolitischen Interventionen folgenlos bleiben und die Anträge der AfD in Kulturausschüssen und anderen Gremien abgelehnt werden, können sich Rechtsextremisten erst recht als Opfer eines ›rot-grün-versifften‹ Parlamentarismus verstehen und sich berufen fühlen, mit anderen Mitteln jenseits der Legalität aktiv zu werden. Das bedeutet dann häufig, Gewalt anzudrohen oder auszuüben. Das ist die Logik eines Eskalationskontinuums«, analysiert Heitmeyer.[21] Nach seinem Modell des Eskalationskontinuums versorgen die rechten die noch extremeren Akteur:innen mit Legitimation. Wie in konzentrischen Kreisen umschließen die gemäßigteren die immer radikaleren Gruppen, von autoritären Einstellungsmustern einer rohen Bürgerlichkeit über autoritär-nationalradikale Milieus (AfD, Pegida) bis hin zu systemfeindlichen, militanten Milieus (rechte Kameradschaften) und zum Rechtsterrorismus. Die Größe der Gruppen nimmt in diesem Eskalationskontinuum ab, ihre Gewaltbereitschaft nimmt zu. Heitmeyers Bild für die durchlässige Grenze zwischen diesen unterschiedlichen Gruppen ist die Membran: »Aggressive Sprache kann die trennende Membran in manchen Fällen durchdringen. Dann wird der Weg frei für autoritär nationalradikale Bewegungen mit weiteren Aufheizungen – sie erreichen auch gewalttätige Akteure«.[22] Was die legal und die militant operierenden Rechtsextremist:innen verbindet, sind die gemeinsamen Feindbilder und, mit dem von Heitmeyer geprägten Begriff: »Legitimationsbrücken«. Einzelne, die Gewalt androhen oder ausüben, fühlen sich als Vertreter:innen vieler Gleichgesinnter, wenn nicht gar des »wahren« Volkes. Auch deshalb verkennt die Rede vom »Einzeltäter« die hier wirksame Handlungs- und Eskalationslogik.

Wenn der AfD-Extremist Björn Höcke versichert, »Gewalt« schließe er »in dem heutigen Kulturkampf, der ausschließlich auf geistiger Ebene ausgetragen werden sollte, ohnehin aus«[23], lautet das entscheidende Wort in dem Satz: »heutig«. Morgen kann es anders aussehen. Gestern, vor 1945, wurde der rechte »Kulturkampf« in Form von Morden praktiziert. Auch daran kann man bei Höckes Betonung der Besonderheiten eines »heutigen« Kulturkampfs denken. An anderer Stelle gießt der Geschichtslehrer Höcke seine Gewaltphantasien in mittelalterliche Bilder: »Die Entladung des aufgestauten Drucks wird irgendwann kommen, die geballten Fäuste werden dann in die Luft gerissen und das Volk an den Festungstoren der Machthaber rütteln.«[24] Und »wenn einmal die Wendezeit gekommen ist, dann machen wir Deutschen keine halben Sachen. Dann werden die Schutthalden der Moderne beseitigt«, träumt der Hardcore-Deutsche vom Endkampf gegen die Moderne samt der »Schutthalde« ihrer Kunst.[25] Bis es so weit ist, empfiehlt der Visionär aus dem Thüringer Wald eine »Verfeinerung im Ton«, wobei »die verbale Abrüstung« mit einer »inhaltlichen Aufrüstung einhergehen« solle.[26] Dass ausgerechnet ein Treiber der Radikalisierung der AfD, deren Protagonist:innen sprachliche Verrohung und verbale Entgleisung strategisch einsetzen, im »Kulturkampf« für die »Verfeinerung im Ton« plädiert, ist nicht ohne Komik. Und nicht ohne Berechnung. Der rechtsextreme Publizist Götz Kubitschek, ein enger Weggefährte Höckes, analysiert schon 2017 bei der AfD eine Strategie der »Selbstverharmlosung«. Sie sei »der Versuch, die Vorwürfe des Gegners durch die Zurschaustellung der eigenen Harmlosigkeit abzuwehren«. Dabei gilt es aus Sicht des Bewegungsextremisten Kubitschek, die »Gefahr der Methode« zu vermeiden, »eines nahen Tages tatsächlich aus der Harmlosigkeit nicht mehr herauszufinden«[27].

Einschüchterung und Einflussnahme

Ein Ziel der Bedrohungsallianzen ist die Einschüchterung der Angegriffenen. Das zeigt an einigen Orten durchaus Wirkung. Mitarbeiter:innen verschiedener Kultureinrichtungen berichten, dass sie mögliche Reaktionen der lokalen AfD und anderer rechter Akteur:innen bei ihrer Programmplanung nicht immer ignorieren können. »Natürlich haben wir bei uns am

Theater auch Projekte zum neuen Rechtsradikalismus gemacht. Aber wir müssen uns überlegen, wie oft wir das machen können. Um es hart zu sagen: Wir haben im Hinterkopf immer die Überlegung, wie viel Ärger mit der AfD wir uns leisten können«, erklärt zum Beispiel die Dramaturgin eines Theaters in einer ostdeutschen Kleinstadt.

Das entspricht der Analyse Heitmeyers. Er beobachtet, dass die AfD Einfluss auf gesellschaftliche Institutionen anstrebt, »um Normalitätsstandards in Richtung einer kulturellen Homogenität zu verschieben. Für solche Strategien ist der Kulturbereich ein interessantes Spielfeld«. Bisher konnte die Partei keine unmittelbare Einflussnahme auf die Programmgestaltung erreichen, auch entscheiden ihre Kulturpolitiker:innen nicht über die Berufung von Intendant:innen oder Museumsleiter:innen. Der indirekte Einfluss der AfD kann sich dennoch bemerkbar machen. »Die Institutionen, in denen die AfD bereits vertreten ist, sind die Parlamente und Kulturausschüsse der Kommunen, der Länder und des Bundes. Die Frage ist, inwieweit es ihr gelingt, von dort aus auf die Kulturinstitutionen selbst, auf die Theater, Museen, Musikfestivals einzuwirken und das Verhalten der Verantwortlichen im Sinne eines vorauseilenden Gehorsams zu beeinflussen – zum Beispiel in der Programmgestaltung. Wenn die Leitung eines Theaters oder eines Museums weiß, dass sie sich bei einem Projekt mit Geflüchteten Ärger mit der lokalen AfD einhandelt, überlegt sie sich das bei knappen Mehrheiten und anstehenden Haushaltsberatungen vielleicht zweimal.«[28]

Ob die Interventionen der AfD und anderer Akteur:innen vom rechten Rand Wirkung zeigen, hängt von der Zivilgesellschaft und der Reaktion der demokratischen Parteien ab. In Memmingen hat sich 2021 der CSU-Bürgermeister Manfred Schilder sehr klar, entschieden und unmissverständlich hinter das Schwäbische Landestheater und dessen Intendantin gestellt, als sie vonseiten der AfD mit öffentlichen Polemiken attackiert wurde. In Freiberg in Sachsen dagegen hat der parteilose Bürgermeister Sven Krüger nach AfD-Interventionen 2019 untersagt, dass im Theater Lesungen und Diskussionen zum Rechtspopulismus stattfinden. Verlassen die anderen Fraktionen die Hygienedistanz gegenüber der AfD, können deren kulturpolitische Interventionen unmittelbar Wirkung entfalten, wenn sich in den Kulturinstitutionen ein vorauseilender Gehorsam gegenüber den Erwartungen der AfD-Mandatsträger:innen entwickelt.

Die härteste Form der Einschüchterung ist die offene Androhung und Ausübung von physischer Gewalt. Setzt sich die Gewaltandrohung durch, markiert das ein eklatantes Versagen des Rechtstaats, dessen Pflicht es wäre, das hohe Gut der Kunstfreiheit dagegen zu schützen. So geschehen zum Beispiel im November

2018, als in Bad Schwartau nach einer Bombendrohung die Vorführung des Dokumentarfilms *Wildes Herz* über die antifaschistische Band *Feine Sahne Fischfilet* abgesagt wurde.[29] Immerhin wurde die Filmvorführung später unter Polizeischutz nachgeholt. Auch die Entscheidung, mit der sich das Bauhaus Dessau blamiert hat, als es 2018 dieser Band einen Auftritt in seinen Räumlichkeiten untersagte, gehört in diese Kategorie. Die gewunden-hilflosen Rechtfertigungsversuche der Bauhaus-Leitung rundeten die Peinlichkeit ab. Die Verantwortlichen solcher Fehlentscheidungen spielen, ob aus Opportunismus, Inkompetenz oder Ressentiment, rechten Strategien der Verschiebung von Normalitätsstandards in die Hände.

Neben der Einschüchterung des politischen Gegners hat die Gewaltpraxis eine wichtige Funktion als Kommunikationsstrategie. Wie andere terroristische Akte sollen sie die Schwäche des Staates zeigen, das Vertrauen in die bestehende Ordnung destabilisieren, die eigene Anhängerschaft weiter radikalisieren und Nachahmer:innen inspirieren: »Jede Form von Gewalt ist immer auch eine Machtdemonstration.«[30] Wie alle rechten Angriffe auf die Kunstfreiheit sollen sie zudem Feindbilder markieren, in diesem Fall so brutal wie möglich.

3   FEINDBILDMARKIERUNG

Zum Grundbestand neurechten Denkens gehören »dichotomische Gesellschaftsbilder«.[31] Wer auf Dichotomien und die Konstruktion von Feindbildern angewiesen ist, hat kein Interesse am Dialog. Manchmal sind Rechtsextreme so ehrlich, das offen auszusprechen.

Im März 2018 diskutieren im Dresdner Kulturpalast zwei Schriftsteller vor großem Publikum: Uwe Tellkamp und Durs Grünbein. Tellkamp steht Teilen der Neuen Rechten aufgeschlossen und nicht ohne Sympathien gegenüber. In den Jahren seit dieser Diskussion hat er sich weiter radikalisiert. Grünbein hingegen lehnt die Neue Rechte klar ab. Die Schriftsteller sind etwa gleich alt, beide sind in Dresden aufgewachsen und veröffentlichen ihre Bücher im Suhrkamp Verlag. Das Gespräch der zwei Literaten mit politisch stark divergierender Haltung ist der Versuch eines Dialogs in der von den Pegida-Aufmärschen polarisierten Stadt.

Beim anschließenden Publikumsgespräch meldet sich ein Zuhörer zu Wort. Es ist der Verleger Götz Kubitschek, ein umtriebiger Strippenzieher im rechtsextremen Milieu. Mit seiner Zeitschrift *Sezession*, der Selbst-inszenierung als »rechtsintellektueller« Vordenker und seinen guten Verbindungen zur Identitären Bewegung wie zum extremistischen Flügel der AfD um Björn Hö-cke ist er ein in seinen Kreisen einflussreicher Publizist. Seine Wortmeldung mündet in einer provokanten Frage: »Sind Sie nicht der Meinung, dass der Riss, der durch die Gesellschaft geht, unbedingt sein muss? Wir müssen darüber reden, was ist wir, was ist nicht wir? Wem gehört unsere Solidarität, wem gehört sie nicht? Ich bin strikt dafür, dass der Riss noch tiefer wird.«[32] Damit ist das Ziel rechter Eskalationsstrategien in aller Deutlichkeit benannt: die möglichst unversöhnliche Polarisierung der Gesellschaft, die Zerstörung von Dia-logfähigkeit und Common Sense.

Dieser Strategie der Konflikteskalation widmet sich bedauerlicherweise auch ein kleiner Teil der Gegenseite, der Antifaschismus mit Terrorakten verwechselt. Ein Brandanschlag auf die mit Kubitschek freundschaftlich verbundene rechtskonservative Buchhandlung »Buch-haus Loschwitz« im April 2021 folgte unter umgekehr-tem ideologischem Vorzeichen dem gleichen Muster. Gewaltakte dieser Art sind Kubitscheks Eskalations-strategien dienlicher, als ihren Urheber:innen klar zu sein scheint.

Mit der von Kubitschek geforderten Unterscheidung zwischen »wir« und »nicht wir« ist nicht einfach eine wertneutrale Differenzierung gemeint, sondern eine

Demarkationslinie. Wer nicht zum »wir« gehört, muss damit rechnen, den Feind:innen dieser imaginären Gesinnungs- und Volksgemeinschaft zugerechnet zu werden. Erst diese Abgrenzung konstituiert das ominöse »wir«. In der rechten Rhetorik wird es »durch den wiederkehrenden Hinweis auf diejenigen, die nicht dazu gehören«, bestimmt.[33] Die Angriffe auf die Kunstfreiheit sind Teil dieser Polarisierung, die von Teilen der Neuen Rechten gezielt vorangetrieben werden, um die Gesellschaft in antagonistische Fraktionen zu spalten. Deshalb ist es nur konsequent, dass Kubitschek den »Riss« ausgerechnet bei einem Dialogversuch zweier Literaten propagiert: Nicht die Position des liberalen Demokraten Durs Grünbein, sondern der Dialog an sich soll in Frage gestellt werden.

Die rechten Übergriffe auf Kultureinrichtungen folgen dieser Logik und dienen immer der Markierung von sorgsam gepflegten Feindbildern. Mit ihrer Hilfe kann die Neue Rechte am zuverlässigsten Wut mobilisieren – ihre wichtigste Ressource. Deshalb ist sie so dringend auf ein ausreichend großes, bei Bedarf stets erweitertes Arsenal von Hassfiguren angewiesen. Kein Wunder, dass die Lautsprecher der Neuen Rechten überall »Volksverräter« sehen: Migranten, Feministinnen, Muslime, Linke, Geflüchtete, Homosexuelle, Juden, »Eliten«, die »GEZ-Medien« und die »Lügenpresse«, bei Bedarf eine frühere Bundeskanzlerin, Pandemie-

experten, »Globalisten«, Gesundheitsminister, »System-
parteien«, Windkraft-Befürworter oder, mit einer von
Björn Höcke in Umlauf gebrachte Schmähvokabel, die
»Angstkirchen«.[34] Und notfalls auch, mit den Worten
des früheren polnischen Außenministers Waszczykows-
ki, einem strammen Rechtsnationalisten: »Radfahrer
und Vegetarier«. AfD-Politiker:innen ergänzen das
Arsenal der Feindbilder um ein »Lumpenproletariat
an Möchtegern-Künstlern«, »sich mit Kot bewerfen-
de Akteure im Theater« und die »Eitelkeit der oft mit
grünen Schuhen, rosa Schnürsenkeln und anderen
Ausweisen von Exzentrik ausgestatten Intendanten«[35].
Es ist die Rede von »Gesinnungstheater«, Kunst als
»Arbeitsbeschaffungsmaßnahme« oder Künstler:innen
als Personen, »die selbst nichts schaffen und niemals
aus dem Schatten der eigenen Unfähigkeit heraustreten
können«. Und so weiter.[36]

Um zu verstehen, weshalb Feindbilder und die Orien-
tierung am Freund-Feind-Muster für Rechtsextreme so
prägend ist, lässt sich ein kurzer Seitenblick auf den
NS-Staatsrechtler Carl Schmitt nicht vermeiden, bis
heute bei theorieinteressierten Rechtsextremen ein be-
liebter Stichwortgeber. Götz Kubitschek etwa erklärt
pathetisch, die Schmitt-Lektüre sei für ihn, »wie Bach
zu hören: Beiläufig, schlagartig, nachhaltig stellt sich
Klarheit in der eigenen Gedankenführung ein.«[37] Für
Schmitt ist Kern und Bedingung allen politischen

Handelns die Unterscheidung zwischen Freund und Feind. Das setzt sich im Weltbild der Neuen Rechten fort, »deren Verständnis von Politik und Gesellschaft wesentlich auf den Kategorien Kampf und Konflikt beruht«[38]. Kubitscheks Dresdner Wortmeldung ist unverkennbar davon inspiriert. Die Handlungsoptionen gegenüber einem Feind beschreibt Schmitt 1932 in unmissverständlicher Brutalität: »Die Begriffe Freund, Feind und Kampf erhalten ihren realen Sinn dadurch, dass sie insbesondere auf die reale Möglichkeit der physischen Tötung Bezug haben.«[39] Anders als bei Gegner:innen, mit denen man debattieren, Kompromisse aushandeln und sich arrangieren kann, kann es in dieser Vorstellungswelt gegenüber Feind:innen keine Verständigung oder friedliche Koexistenz geben. Um als Feind:in zu gelten, genügt es, nicht ins Phantasma einer homogenen Volks- und Ideologiegemeinschaft zu passen. Wenn »das Anderssein des Fremden die Negation der eigenen Art Existenz bedeutet«, muss es für Schmitt »abgewehrt oder bekämpft« werden, um »die eigene seinsmäßige Art von Leben zu bewahren«.[40] So wird der politische Konflikt schnell zum Existenzkampf. Der Historiker Volker Weiß hat apokalyptische Vorstellungen eines drohenden »Untergangs des Abendlandes« und des deutschen Volkes als Kernelement neurechter Ideologie und Radikalisierungstreiber beschrieben. Vor dem Hintergrund solcher Untergangsängste wird selbst die Auseinandersetzung mit Kunst so aufgeladen, als gehe es darum, »die eigene seinsmäßige Art von Leben zu bewahren.«

Die angestrebte Delegitimierung, die Markierung bestimmter Kunsteinrichtungen als Teil eines feindlichen liberalen »Establishments«, gelingt am wirkungsvollsten, wenn die Frontenbildung möglichst laut und öffentlich sichtbar stattfindet. Selbst diffuse Wutausbrüche, wirre Polemik und die konfusen Rufe nach Gängelung bestimmter Kunsteinrichtungen folgen dem Muster der Freund-Feind-Unterscheidung und Kubitscheks Entgegensetzung von »wir« und »nicht wir«. Die Gesten der Empörung zielen dabei immer auch auf die liberalen Verhältnisse, die die attackierten Kunstwerke zulassen und als Kunst respektieren. Es geht nicht nur um eine bestimmte Theateraufführung oder ein auf einem öffentlichen Platz aufgestelltes Kunstwerk, es geht immer sofort ums Ganze. In diesen Frontbildungen haben die attackierten Kunsteinrichtungen unverkennbar eine Stellvertreterfunktion: Sie symbolisieren die Verkommenheit des Systems, des Establishments, der politischen Klasse.

Die Feindbildmarkierung ist neben der Einschüchterung das vordringliche Ziel der rechten Angriffe auf die Kunstfreiheit. Wenn zum Beispiel der AfD-Landtagsabgeordnete Rainer Balzer in einer parlamentarischen Anfrage von der Landesregierung Baden-Württemberg

Auskunft darüber verlangt, wie viele Balletttänzer:innen, Schauspieler:innen, Sänger:innen und Musiker:innen in den vom Land getragenen Bühnen keinen deutschen Pass besitzen und welche Staatsangehörigkeit die Künstler:innen haben, stellt sich die Frage, ob es ihm tatsächlich um die einzelnen Personen oder um Feinheiten der Kulturpolitik geht oder ob sich darin ein Ressentiment sowohl gegen Migrant:innen wie gegen subventionierte Theater artikuliert. Balzers Begründung seiner Kleinen Anfrage, seine Partei habe sich den »Erhalt deutscher kultureller Werte ganz oben auf ihre Fahnen«[41] geschrieben, ist konfus: Was sollen diese deutschen »Werte« sein, und was haben sie mit der Nationalität von Schauspieler:innen am Badischen Staatstheater Karlsruhe oder Orchestermusiker:innen der Staatsoper Stuttgart zu tun? Als Beitrag zur Feindbildmarkierung der Theater ist die parlamentarische Anfrage so infam wie wirkungsvoll. Auch der Antrag der AfD-Fraktion im Landtag von Sachsen-Anhalt, die Unterstützung des Landes für die Theater zu halbieren, da die Spielpläne »politisch höchst einseitig orientiert« seien und angeblich »kaum deutsche Theaterstücke«[42] gespielt werden, folgt dieser verqueren Logik – ohne große Sachkenntnis, aber hilfreich zur Feindbildorientierung der eigenen Anhängerschaft.

Etwas komplizierter, aber als Symptom bezeichnend, ist das dritte Beispiel. Im Februar 2021 löst der an der Außenfassade des Schauspiel Frankfurt angebrachte Schriftzug »Deutsch mich nicht voll«, eine Kunstinstallation von Naneci Yurdagül, einen Shitstorm aus. Erika Steinbach, über zweieinhalb Jahrzehnte Bundestagsabgeordnete vom rechten Rand der CDU, heute prominentes AfD-Mitglied und Vorsitzende der von der AfD gegründeten Desiderius-Erasmus-Stiftung, twittert zu einem Foto der Installation: »Wem unsere Landessprache zuwider ist, muss nicht hierbleiben. Es wird niemand gefesselt und geknebelt, um ihn an der Ausreise zu hindern.« Die AfD Heidelberg twittert daraufhin: »Staatlich finanzierter Deutschlandhass«. Der bayerische AfD-Landtagsabgeordnete Uli Henkel wirft dem Schauspiel Frankfurt in einem YouTube-Video vor, mit der Installation »massiv gegen die deutsche Bevölkerung zu hetzen« und damit zu zeigen, dass Deutschland »Weltmeister in Selbsthass« sei. Dank der öffentlichen Finanzierung des Kunstwerks müsse »der dumme deutsche Michel wieder mal für seine Beleidigung bezahlen«. Schaukästen des Theaters werden mit Parolen beklebt (»Kanak mich nicht voll«), das Theater wird in zahlreichen Mails beschimpft. »Bei den meisten Rückmeldungen wurde deutlich, dass die User weder Besucher unseres Hauses noch an einem ernsthaften Austausch interessiert sind, sondern uns einfach nur aus der gesamten Republik ihren Hass entgegenschleudern«, berichtet eine Theatermitarbeiterin. Das zeigt neben der dichten Vernetzung der jederzeit empörungsbereiten Akteur:innen, dass Schlüsselreize genügen, um sie zu triggern. Die Reaktion wirkt eher reflexhaft als reflektiert, die Auseinandersetzung mit dem politischen Feind rutscht in den Tourette-Modus.[43]

Das sind bemerkenswerte Aufwallungen angesichts einer harmlosen Kunstinstallation. Es wirkt, als suchte sich die leicht erregbare Wut samt dem Gefühl, sich mit allen Mitteln gegen einen imaginierten »Deutschlandhass« wehren zu müssen, nur einen Anlass. Die fragliche Installation ist nicht die Ursache, sondern nur der Auslöser offenbar schnell abrufbarer Empörungsreflexe. Die Installation und das Schauspiel Frankfurt gehören in der Vorstellungswelt der wütenden Kampfdeutschen zu einer ihnen feindlich gesonnenen Übermacht. Sich selbst als Opfer von »Deutschlandhass« zu verstehen, löst heftige Reaktionen aus und dient gleichzeitig als Legitimation der enthemmten Wut – ein bei den Hassmanifestationen von Rechtsradikalen häufig anzutreffendes Muster der Täter-Opfer-Umkehr. Dieses Muster zur Rechtfertigung eigener Taten findet sich besonders deutlich und erschreckend bei Rechtsterroristen. So phantasiert etwa Anders Breivik, der 2011 in Norwegen 77 Menschen ermordete, in seinem wirren Manifest von einer »islamischen Kolonisierung Europas«, deren Ziel die »Versklavung Europas« sei.[44]

Wie diese Feindbildmarkierung und die Rhetorik des Hasses funktionieren, lässt sich in schöner (oder eher: hässlicher) Deutlichkeit am Beispiel einer Rede des AfD-Abgeordneten Hans-Thomas Tillschneider beobachten. Sie ist ein Musterbeispiel für den »rabiaten Mobilisierungsstil, der vor allem mit menschenfeindlichen Grenzüberschreitungen operiert«[45], der diese Partei kennzeichnet. Gehalten hat Tillschneider seine kulturpolitische Grundsatzrede im November 2020 in Magdeburg, nicht am Stammtisch, sondern im Landtag von Sachsen-Anhalt. Seit 2016 Landtagsabgeordneter und kulturpolitischer Sprecher seiner Fraktion, seit 2020 stellvertretender Landesvorsitzender der AfD, ist er kein Außenseiter seiner Partei, sondern ein prominenter Vertreter des rechten Flügels. Die hier zitierte Rede steht in einer langen Reihe ähnlich aggressiver Wortmeldungen, mit denen Tillschneider die Bühne des Landtags für seine Ausfälle nutzt.

Auch in der Instrumentalisierung der parlamentarischen Öffentlichkeit zum Zweck der Grenzüberschreitung ist Tillschneiders Rede paradigmatisch für Äußerungen zahlreicher Mandatsträger:innen seiner Partei. Die Rhetorik der gezielten Mobilisierung von Ressentiment bei Wortmeldungen von AfD-Abgeordneten in Landtagen und Bundestag hat System. »Durch Schlagwörter und

Kampfvokabeln, kalkulierte provozierende Verstöße gegen Höflichkeitsregeln und Taktempfinden« sollen Normalitätsstandards verschoben werden, analysiert der Literaturwissenschaftler Heinrich Detering in einem Essay »zur Rhetorik der parlamentarischen Rechten«.[46] Der AfD-Veteran Alexander Gauland, angesprochen auf seine obszöne »Vogelschiss«-Formulierung, gibt das offen zu: »Wir versuchen, die Grenzen des Sagbaren auszuweiten.«[47] Die kulturpolitischen Ausführungen Tillschneiders passen in dieses Muster. Der Anlass der Debatte, Corona-Hilfen für die Künstler:innen und Kultureinrichtungen des Landes, dient dem Redner lediglich als Startrampe für seine »Kriegserklärung« gegen das »linksliberale Kulturestablishment«. Ich zitiere aus dem stenografischen Bericht der Sitzung vom 19.11.2020 des Landtags von Sachsen-Anhalt (und bitte die Leser:innen für die Zumutung dieser Lektüre um Entschuldigung):

»Das Mitgefühl der AfD-Fraktion mit der offiziellen Kulturszene hält sich in Grenzen. Dies zum einen schlichtweg deshalb, weil innerhalb der gesamten regierungshörig eingestellten Kulturszene in Sachsen-Anhalt niemand die Stimme erhoben und die von oben verordneten völlig unverhältnismäßigen Coronaeinschränkungen auch nur ansatzweise infrage gestellt hätte. [...] Nichts davon tun die Kunst- und Kulturschaffenden in Sachsen-Anhalt, zumindest diejenigen nicht, die zu den Hätschelkindern des Establishments gehören, die ohne staatliche Alimentation auch schon vor Corona nicht leben konnten und die jetzt flennen, weil nicht mehr so viel abfällt, wie sie gern hätten und wie sie meinen, für ihr Dahinleben zu benötigen. [...] Etwas Gutes hat aber diese von der Regierung selbst gemachte Coronakrise doch: Sie macht eben dies, was unter normalen Verhältnissen oft genug verdeckt war, überdeutlich, nämlich dass der Kunst- und Kulturbetrieb in weiten Teilen nichts ist als die Propagandamaschinerie des linksliberalen Establishments. Wir leben schon lange in dem wunderbaren Zustand, dass die Kunst- und Kulturschaffenden, wie gelenkt durch Geisterhand, scheinbar aus freien Stücken den Wünschen des Merkel-Regimes besser willfahren als die regimetreuen Künstler einer beliebigen Dritte-Welt-Militärdiktatur ihrem Diktator. [...] Deshalb taugt diese Kunst und Kultur auch so rein gar nichts. Sie ist nichts anderes als eine Lobdichtung auf das linke Menschenbild. [...] Provenienzforschung durchforstet ohne konkreten Anlass und ohne Klage von Alteigentümern unsere Museen, Bibliotheken und Archive nach Stücken, die zwischen 1933 und 1945 möglicherweise unrechtmäßig den Besitzer gewechselt haben. [...] Man sucht begierig nach Spuren von Schuld, als wäre es Goldstaub. Ein solches Verhalten kündet, vorsichtig formuliert, von einer ungesunden Wendung gegen das eigene Volk. Fast das gesamte staatlich goutierte Kunst- und

Kulturschaffen in Sachsen-Anhalt spielt sich in einem solchen Rahmen ab, der auf linken und von Selbsthass geprägten Grundsätzen beruht. Die Befürwortung von Migration, die Ablehnung traditioneller Lebensformen, die Verherrlichung devianter Lebensformen, die Verspottung von Nationalgefühl und Patriotismus – das sind die Prämissen, die ständig vorausgesetzt und durch den gesamten offiziellen Kulturbetrieb – mal explizit, mal implizit – bekräftigt werden. Die Beispiele dafür sind Legion. Theaterprojekte wie *Das Fremde – so nah* aus Dessau oder *Till meets Nasreddin* aus Halle lassen Migranten auftreten, präsentieren sie als edle Fremde und stellen sie im Vergleich mit Pegida-Demonstranten als die besseren Menschen dar. [...] Der Kulturbetrieb ist dermaßen gleichgeschaltet, dass sich der Vergleich mit der DDR aufdrängt, wo die offizielle Kunst den Sieg des Sozialismus zu verkünden hatte und, da den Krampf niemand sehen wollte, nur am staatlichen Tropf lebensfähig war, weshalb die offizielle DDR-Kunst mit dem Untergang dieses Staates dann auch restlos vom Erdboden verschwunden ist. [...] Ich will mich nun aber nicht mehr länger mit diesem dekadenten Betrieb aufhalten, der dem Untergang geweiht ist. Ich will stattdessen skizzieren, wie wir, die AfD-Fraktion, uns Kunst- und Kulturförderung vorstellen. [...] Es darf nicht sein, dass der Staat Kunst fördert, die dann plump und einseitig linke Ideen propagiert. Ein grundsätzliches Bekenntnis zur deutschen Nationalkultur darf und muss allerdings verlangt werden. […] Das wäre die Aufgabe von staatlicher Kunstförderung, nicht aber, ein Lumpenproletariat an Möchtegern-Künstlern mehr recht als schlecht zu alimentieren, während sie eine Kunst produzieren, für die sich niemand wirklich interessiert. […] Wenn sich jetzt die Vertreter des links-liberalen Kulturestablishments im Land fragen, ob das, was ich soeben vorgetragen habe, nicht eine Kriegser-klärung an ihre Adresse ist, so kann ich Sie vollkommen beruhigen: Ja, das ist es.«[48]

So funktioniert die Inszenierung von Feindbildern. Bezeichnend ist dabei, wie Tillschneider alles mit al-lem vermengt, »Merkel-Regime« und Corona-Politik, Künstlerbeleidigungen, Hohn für Kunstsubvention, »Nationalgefühl«, schräge DDR-Vergleiche. Nebenbei demonstriert er mit der Polemik gegen die Restitution von NS-Raubkunst seine Gleichgültigkeit gegenüber den Opfern des Nationalsozialismus. Tillschneider ver-harmlost die nationalsozialistischen Verbrechen, wenn er die Auseinandersetzung mit ihnen als »begierige« Su-che »nach Spuren von Schuld, als wäre es Goldstaub« verhöhnt und als Motiv einer aufgeklärten Erinne-rungskultur »Selbsthass« unterstellt. In seiner Polemik gegen Theater und Künstler:innen geht es offenkundig nicht vordringlich um Theater und Kunst und schon gar nicht um einen sinnvollen Beitrag zur Kulturpoli-tik, sondern um rechte Frontenbildung. Das Vermengen unterschiedlichster Politikfelder ist gedanklich wirr, aber gerade in dieser Themenbreite für die Feindbildmarkierung funktional. Auf Feinheiten kommt es ohnehin nicht an, wenn sowieso der gesamte Kulturbetrieb der imaginären »Propagandamaschinerie des linksliberalen Establishments« zugerechnet wird. Auch die zahlreichen Beleidigungen sind durchaus funktional und dienen einem Zweck. Für sie gilt die Beobachtung des Politikwissenschaftlers Jan-Werner Müller: Demonstrative »Nichtachtung oder disrespect ist nicht einfach nur ›Grobheit‹ oder ›Unhöflichkeit‹, sondern eine Einstellung, die anderen Bürgern die Stellung als freie und gleiche Mitglieder der politischen Gemeinschaft abspricht«. Weil Demokratie die Anerkennung des Anderen voraussetzt, sieht Müller in diesen Strategien der expressiven Nichtachtung »eine ernsthaftere Herausforderung für demokratische Politik, als gewöhnlich angenommen«[49] wird. Die Beleidigung, die höhnische Herabsetzung ganzer Berufsgruppen und Milieus als »Lumpenproletariat an Möchtegern-Künstlern« zielt auf die möglichst rabiate Abwertung der Personen, auf die umfassende Delegitimierung des politischen Gegners nicht nur in Bezug auf Sachfragen (etwa zur Notwendigkeit von Coronahilfen für Künstler:innen), sondern in jeder Hinsicht. Das ersetzt jede sachliche Auseinandersetzung durch Drohungen und die Wunschphantasie, der politische Feind und mit ihm ein Großteil des gegenwärtigen Kulturbetriebs seien »dem Untergang geweiht«.

Wie die von Tillschneider und anderen AfD-Politiker:innen beschworene »deutsche Nationalkultur« aussehen könnte und was sie ausmacht, bleibt diffus. Mehr Bismarck-Denkmäler? Auf einen eher skurrilen Beitrag zur »Nationalkultur« sind die Journalisten Andrea Röpke und Andreas Speit bei ihren Recherchen zu völkischen Siedlern gestoßen: Eine völkische Laientheatergruppe führte 2018 auf der Waldbühne Bischofswerda zur Erbauung der Volks- und Gesinnungsgenossen Schillers *Wilhelm Tell* als patriotisches Schauspiel unter freiem Himmel auf. Das Programmheft lässt es nicht an Pathosdröhnen fehlen: »Möge der Schillersche Freiheitsgedanke als edles und hohes Ziel uns Deutschen in der heutigen Zeit wieder bewusst sein!« Im Weltbild der Theaterfreunde im Publikum, darunter viele aktive oder ehemalige NPD-Funktionäre, lässt sich die von Fremdherrschaft unterdrückte Schweiz in Schillers Stück mit der angeblich vom US-Imperialismus beherrschten Bundesrepublik kurzschließen: Schiller als Textlieferant für rechtsradikalen Agitprop. Der Hinweis auf der Eintrittskarte, das Stück sei »klassisch inszeniert«, dürfte Gegner des modernen Regietheaters beruhigen.[50]

Blättert man durch Wahlprogramme der AfD, stößt man neben der üblichen Paranoia (»eine in Wirtschaft und in Wissenschaft bisweilen zum Ausdruck gebrachte Geringachtung der deutschen Kultur bedrohen die deutsche Sprache als Medium unseres Selbstverständnisses«[51]) auf so erbauliche kulturpolitische Prioritäten wie die Pflege der heimischen »Weihnachtsmärkte« und anderer »Orte der Volkskultur«, die beiläufig gegen »Einrichtungen und Veranstaltungen der Hochkultur« ausgespielt werden.[52]

Der Literaturwissenschaftler Heinrich Detering hat sich die Mühe gemacht, programmatische kulturpolitische Erklärungen prominenter AfD-Politiker:innen zu untersuchen. Hinter vielen volltönenden Phrasen, so sein Befund, herrscht inhaltliche Dürre. Gauland beruft sich feierlich auf Lessing und Goethe – ohne sein betoniertes Welt- und Geschichtsbild von Lessings Toleranzparabel *Nathan der Weise* oder von Goethes Bewunderung für arabische Dichtung und dem *West-östlichen Divan* irritieren zu lassen. Die Thüringer AfD-Landtagsfraktion um Björn Höcke fabuliert in einem Positionspapier zur deutschen »Leitkultur« von »Eigentümlichkeiten des Nationalcharakters«, in denen »die deutsche Seele zum Ausdruck« kommen soll – und landet beim Versuch, diese »Eigentümlichkeiten« zu charakterisieren bei einer etwas wahllos wirkenden Aufzählung mehr oder weniger deutscher Kulturleistungen, vom Bauhaus (das sehr international ausgerichtet war) über »unsere Dichter und Denker (wie z. B. Goethe, Schiller, Heine, Fontane)«, die D-Mark und den Diplomingenieur bis zu »VW Käfer und Trabant«, um schließlich bei »Wirtschaftswunder, Winnetou, Wurst« zu landen.[53] Weihnachtsmarkt, Wirtschaftswunder, Winnetou und Wurst – darauf lässt sich die pathetische Feier einer ominösen »Nationalkultur« herunterbrechen. Schaut man sich genauer an, was AfD-Heimatschützer wie Gauland oder Höcke unter der viel beschworenen kulturellen Identität verstehen, »bleiben die Erträge nicht nur dürftig, sondern widersprüchlich und nicht selten sachlich falsch«, resümiert Detering.[54]

Damit die kulturpolitischen Vorstellungen der AfD angesichts der intellektuellen Defizite und inhaltlichen Leere nicht völlig im Nebulösen verschwinden, ist sie zur Selbstpositionierung dringend auf Tillschneiders Feindbild eines Kunst- und Kulturbetriebs angewiesen, der angeblich »in weiten Teilen nichts ist als die Propagandamaschinerie des linksliberalen Establishments«.

Goebbels geht ins Kino

Was ist das Ziel dieser aggressiven Rhetorik der Konflikteskalation und der ständigen Verweise auf die Demarkationslinie zwischen »wir« und »nicht wir«, die jedes Sachargument vergiftet oder gleich ganz ersetzt? Eine Antwort gibt ein Buchtitel aus Kubitscheks Verlag: *Zurüstung zum Bürgerkrieg*. Bürgerkriegsszenarien bieten die radikale Komplexitätsreduktion, mit der sich alles ins Freund-Feind-Schema einordnen lässt. Sie erfreuen sich im rechtsextremen Milieu anhaltender Beliebtheit – sei es als apokalyptisches Endzeitszenario, als Notwehr gegen den »Versuch, das Deutsche auszulöschen« (Gauland)[55] oder als unausgesprochene Drohung, falls die AfD, »die letzte friedliche Chance für unser Vaterland« (Höcke)[56] scheitern sollte. Das ist der Hintergrund, vor dem im Milieu der Neuen Rechten mit Hingabe der Rückblick auf die bürgerkriegsähnlichen Zustände während der Krisenjahre der Weimarer Republik gepflegt wird. Mit wohligem Grusel hat das zum Beispiel das extremistische Querfront-Magazin *Compact* mit einer Sondernummer zur Fernsehserie *Babylon Berlin* vorgeführt. Mit dem bei *Compact* gepflegten Sound aus Verschwörungserzählungen und raunenden Andeutungen wird genussvoll das Bild der im Chaos untergehenden Republik gemalt: »Der süße Geruch von Moder und Blut.«[57] Das ist der historische Echoraum, mit dessen Hilfe die Akteure der Neuen Rechten ihre eigenen Bemühungen mit Bedeutung aufladen. Deshalb ist ein Rückblick auf die militant ausgetragenen Kulturkämpfe der Weimarer Republik am Beispiel einer Szene hilfreich, die wie ein Vorbild für die performativen Aktionen der Identitären Bewegung und militanter heutiger Übergriffe auf die Kunstfreiheit wirkt.

Am 5. Dezember 1930 geht Joseph Goebbels zusammen mit 150 SA-Männern am Berliner Nollendorfplatz ins Kino. Ihr Ziel: die möglichst spektakuläre Störung der Vorführung des Antikriegsfilms *Im Westen nichts Neues*. Schon vor der Premiere hatte die Deutschnationale

Volkspartei im Preußischen Landtag gegen den Film polemisiert, der »unsere deutsche Jugend verhöhnt und als unmännlich darstellt«. Das laufe »auf eine Verächtlichmachung der opferbereiten Vaterlandsliebe hinaus«[58]. Goebbels beschimpft den Film als »Sudelwerk« und Erich Maria Remarque, den Autor der Romanvorlage, als »Lackaffen«. Entsprechend gestaltet sich der Auftritt der SA-Männer im Kino: Kurz nach Beginn der Vorstellung brüllen sie Parolen, lassen mitgebrachte weiße Mäuse los, werfen Stinkbomben und Niespulver und prügeln auf andere Kinobesucher:innen ein. Die Vorführung wird abgebrochen, die Polizei räumt das Kino. Auch an den folgenden Tagen marschiert die SA vor dem Kino auf. Der Nollendorfplatz wird zum Schauplatz von Straßenschlachten, die sich SA-Trupps mit der Polizei liefern. Die »so lärmenden wie schlagkräftigen Kundgebungen der Nationalsozialisten gegen den Remarque-Film« wollen durch »Steinwürfe, faule Eier und andere Argumente« erzwingen, dass der Film, »den sie nicht kennen, nun endlich abgesetzt werden müsse«, notiert der Filmkritiker Siegfried Kracauer in der *Frankfurter Zeitung*[59]. Die Filmvorführungen können nur noch unter massivem Polizeischutz stattfinden. Als die SA-Schläger vom Kino zum Kurfürstendamm ziehen, zittert »so mancher Inhaber eines eleganten Cafés um seine Tafelglasscheiben, als er die jungen Anti-Pazifisten aufmarschieren« sieht, beobachtet ein Korrespondent der *New York Times*.[60] Es kommt zu zahlreichen Festnahmen. Um die Lage unter Kontrolle zu bringen, erlässt der Berliner Polizeipräsident ein Demonstrationsverbot. Auch in anderen deutschen Städten randalieren SA-Trupps in und vor den Kinos, die das Risiko eingehen, den Film zu zeigen.

Die Krawalle erfüllen ihren Zweck. Eine Woche nach der Erstaufführung verbietet eine Aufsichts- und Zensurbehörde mit dem schönen Namen »Filmoberprüfstelle« weitere Vorstellungen des Films. Goebbels kann zufrieden sein: »Das ist ein Triumph. Es hagelt Glückwünsche von allen Seiten«, notiert er in seinem Tagebuch. Seine Auftritte bei den Kinokrawallen haben die Bürgerkriegsstimmung angeheizt. Zwei Tage später ist Goebbels immer noch euphorisiert: »Die Republik tobt vor Wut über unseren Filmsieg. Der hat auch gesessen. Wir sind in den Augen der Öffentlichkeit die starken Männer.«[61] Goebbels' Aktion ist so spektakulär, vielleicht auch so bezeichnend für die Endphase der Weimarer Republik, dass sich der Schriftsteller Heinrich Mann anderthalb Jahrzehnte später mit Sarkasmus daran erinnert, als er im kalifornischen Exil seine Lebenserinnerungen schreibt: »In einem Saal, der einen Film sehen will, weiße Mäuse loslassen, ist einmal etwas anderes.«[62]

Die weißen Mäuse und Schlägereien im Kino am Berliner Nollendorfplatz 1930 sind aus zwei Gründen für den Blick auf die heutigen rechten Angriffe auf die Kunstfreiheit interessant: wegen der Parallelen – und wegen der Unterschiede. Die Parallelen in der spektakulären Inszenierung, der gezielten Eskalation bis zur offenen Gewalt, der Frontenbildung und der Stellvertreterfunktion des attackierten Films sind offenkundig. Mindestens ebenso deutlich sind allerdings auch die Unterschiede zwischen 1930 und 2023. Die Bundesrepublik ist trotz aller Defizite ein funktionierender Rechtsstaat, kein Land im latenten Bürgerkriegszustand wie die Weimarer Republik in der Weltwirtschaftskrise. Die NSDAP war eine von mehreren rechten, antidemokratischen Parteien, sie stellte nach den Wahlen im September 1930 die zweitstärkste Fraktion im Reichstag, konnte bei einem Teil der konservativen Machteliten auf Unterstützung zählen und verfügte mit der SA über eine Schlägertruppe, bei der 1930 bereits 60.000 Mann mitmarschierten. Von solch einer Situation ist die Bundesrepublik sehr weit entfernt. Auch wenn Akteure der Neuen Rechten vor einer Rhetorik des Bürgerkriegs nicht zurückschrecken und sie zur gesellschaftlichen Polarisierung gezielt nutzen, zielt die AfD auf das Erlangen institutioneller Macht auf legalem Weg, wie es rechtsextremen Parteien in anderen Ländern Europas, etwa den Schwedendemokraten oder der postfaschistischen Fratelli d'Italia, bereits gelungen ist. Solange konservative Parteien nicht bereit sind, mit ihr zusammenzuarbeiten, ist eine Regierungsbeteiligung der AfD kaum vorstellbar. Umso beunruhigender sind vereinzelte Kooperationen von CDU-Politiker:innen auf kommunaler Ebene mit der AfD und Versuche des rechten Randes der CDU, die Ächtung der AfD durch die demokratischen Parteien aufzuweichen. Der Politikwissenschaftler Jan-Werner Müller, der die aktuellen Gefährdungen der Demokratie nüchtern und aufmerksam analysiert, stellt trocken fest, dass der »Faschismus, im Unterschied zum Autoritarismus oder Rassismus, in unserer Zeit keine Wiederauferstehung« erlebt. So bedrohlich die Wahlerfolge rechtspopulistischer Parteien, die Bewegungen der Neuen Rechten und verfestigte rechts-autoritäre Einstellungsmuster sind, erleben wir dennoch weder »die massenhafte Mobilisierung und Militarisierung ganzer Gesellschaften« noch einen »systematischen Kult der Gewalt, der den Kampf auf Leben oder Tod als Apotheose des menschlichen Daseins glorifiziert.«[63]

Die Angriffe auf die Kunstfreiheit der frühen 1930er Jahre zeigen das radikalisierte Muster heutiger rechter Übergriffe und Eskalationsstrategien. Gleichzeitig wird aber im Kontrast deutlich, wie relativ marginal und in seinen Handlungsmöglichkeiten vergleichsweise beschränkt der militante Rechtsextremismus und -terrorismus in der Bundesrepublik derzeit sind. Deshalb wirkt zum Beispiel die eingangs beschriebene Hassbotschaft der Bombenattrappe im Hakenkreuzkoffer der späteren NSU-Mörder als Gewaltdrohung erschreckend, aber als Behauptung politischer Handlungsmacht eines

»nationalen Widerstands« lächerlich. Die Gewaltakte der NSU-Mörder und anderer Rechtsterroristen sind schrecklich real, aber als Versuch eines Remakes der Bürgerkriegsszenarien der 1930er Jahre grotesk irreal.

Das ist selbstverständlich kein Grund, die Gefahren des militanten Rechtsextremismus oder den Aufstieg eines radikalnationalen Autoritarismus zu verharmlosen. Berichte über die »Baseballschlägerjahre« nach der Wiedervereinigung, als in Teilen Ostdeutschlands militante Rechtsextreme Migrant:innen und jugendliche Subkulturen terrorisierten, zeigen das Gewaltpotential von Rechtsextremen ebenso wie die Verbrechen von Rechtsterroristen. Wenn »systemfeindliche Milieus und rechtsextreme Kameradschaften auf kleinräumige Machtgewinne« zielen, stellt das »aufgrund ihrer Gewaltbereitschaft ständig eine unmittelbare Gefahr für schwache Gruppen und politisch Andersdenkende« dar[64]. Allein für 2021 verzeichnet der Verfassungsschutzbericht 945 rechtsradikal motivierte Gewaltverbrechen. Die Amadeu Antonio Stiftung hat für den Zeitraum von 1990 bis 2021 insgesamt 2.019 Todesopfer rechter Gewalt dokumentiert.[65] Dabei sind Menschen nicht-weißer Hautfarbe, Migrant:innen oder Angehörige besonders vulnerabler Gruppen wie Obdachlose weit massiveren Übergriffen ausgesetzt als vergleichsweise privilegierte Künstler:innen.

4 NAHAUFNAHMEN

Übergriffe auf die Kunstfreiheit können schon aufgrund ihrer Häufigkeit nicht als Einzelfälle bagatellisiert werden. Aber sie richten sich immer gegen konkrete Menschen, die damit fertig werden müssen, am besten nicht alleine. Stellvertretend für viele andere berichten hier vier Betroffene rechter Aggression von ihren Erfahrungen.

Nahaufnahme 1: Der Leiter eines Musikfestivals in Sachsen-Anhalt

Der Dirigent und Komponist Hans Rotman leitet seit 2008 das Impuls-Festival für Neue Musik in Sachsen-Anhalt. Sein Bericht:

2016 ist die AfD in den Landtag von Sachsen-Anhalt eingezogen. Damals schrieb die Partei in ihrem Wahlprogramm, »Museen, Orchester und Theater« hätten die »Pflicht, einen positiven Bezug zur eigenen Heimat zu fördern«. Im gleichen Jahr haben wir ein Jugendprojekt mit Geflüchteten aus Syrien und Jugendlichen aus Magdeburg gemacht. Ab diesem Zeitpunkt bekam ich Mails und Briefe mit

Beleidigungen und Einschüchterungen, teilweise unterschrieben von »Gruppe Horst Mahler«. Ich bin Holländer, ein Teil meiner Familie ist jüdisch. In den Mails wurde ich als Ausländer und »Halbjude« beschimpft: »Du hast hier nichts zu suchen, wenn Du nicht aufpasst, nehmen wir Dir den Taktstock weg«, so etwas. Mein dienstlicher Mail-Account wurde gehackt, ich vermute auch von solchen Leuten.

Es gab immer wieder massive und zum Teil sehr unfaire Kritik an dem Festival. 2018 polemisierte ein AfD-Abgeordneter in einer Landtagsdebatte, dass bei Impuls »junge Leute von einem Intendanten politisch verführt werden«. 2019 wurde ich in den Kulturausschuss des Landtags eingeladen. Ich hatte kaum zwei Sätze gesprochen, schon wurde ich von Herrn Tillschneider, dem kulturpolitischen Sprecher der AfD-Landtagsfraktion, übelst attackiert. Das Festival sollte seiner Ansicht nach am besten eingehen. Anfang 2020 bekam ich an meine Berliner Privatadresse handgeschriebene Briefe mit widerlichen, antisemitischen Beleidigungen. Als ich zwei Briefe mit Patronen erhielt, bin ich zur Polizei gegangen, aber es waren nur Platzpatronen. Eigentlich ist es der Traum jedes Musikers, dass Neue Musik als politisch gefährlich gilt und etwas verändert. Aber so eine Reaktion geht ein bisschen zu weit. Angst macht mir das trotzdem nicht.

2020 forderte Herr Tillschneider, unserem Festival »jede Förderung zu streichen«. Auch in ihrem aktuellen Wahlprogramm fordert die AfD Sachsen-Anhalt, dem

Impuls-Festival die Finanzierung zu entziehen und die Landesförderung für die Theater zu halbieren: »Eine Agitation gegen das eigene Volk muss nicht durch den Staat finanziert werden. In dieser Hinsicht ist uns die kulturpolitische Wende, die Ungarn unter Viktor Orbán vollzieht, Vorbild und Inspiration.« Das ist deutlich.

Was Hans Rotman erlebt hat, passt in das beschriebene Muster rechter Bedrohungsallianzen: Politiker:innen der AfD fordern Mittelstreichungen, andere Akteur:innen verschicken Morddrohungen und beleidigen den Intendanten antisemitisch. Das Impuls-Festival ist aus zwei Gründen ein attraktives Ziel der rechten Polemik: wegen des politischen Engagements der Musiker:innen und des Intendanten, aber auch, weil ein Festival für Neue Musik sich leicht als elitär, abgehoben, »volksfern« denunzieren lässt. Dieses Muster, in dem die angegriffenen Kultureinrichtungen als Feindbild einer arroganten, liberalen Elite konstruiert werden, betrachten wir im nächsten Kapitel etwas genauer. Der Vorwurf, abgehoben und exklusiv aufzutreten, ist gegenüber Rotmans Festival unfair und nicht nachvollziehbar. Rotmans Devise »Neue Musik lekker machen« steht vielmehr für das Gegenteil: Neue Musik, die sich nicht an eine geschlossene Gesellschaft von Eingeweihten wendet, sondern an alle, die ihren Ohren trauen.

Judith Blumberg ist Diversitätsbeauftragte am Badischen Staatstheater Karlsruhe. Ihr Bericht:

Im Oktober 2019 ist auf dem rechten Blog Politically Incorrect News *ein Artikel über mich und meine Arbeit erschienen: ›Agentin Judith sorgt für Umvolkungs-Theater‹, mit meinem Foto, meinem vollständigen Namen und meinem Arbeitsplatz. Der Autor beschimpft Theater als »Festungen der politisch korrekt auf Kurs gebrachten Musentempel« für »verwöhnte Bürgerkinder«. Meine Aufgabe am Staatstheater ist es, daran mitzuarbeiten, dass sich das Theater weiter für die Diversität der Stadtgesellschaft öffnet. Offenbar hat das die Aggression ausgelöst. Der Blogautor zitiert hämisch aus einem Text, den ich für unsere Theaterzeitschrift geschrieben habe, und polemisiert: »Es wartet viel kulturelle Umvolkungsarbeit auf Frl. Blumberg! Diversitätsagenten sollen dafür sorgen, dass der politisch angestrebte Prozess der Bevölkerungsumwandlung hin zur multiethnischen Manipulationsmasse auftragsgemäß durchgesetzt wird.«*

Der Blogautor hat mich auf den diversen Social-Media-Plattformen ausspioniert. Ich engagiere mich privat in einem kleinen Verein, der sich für postmigrantische Kulturangebote einsetzt. Der Blog verwendet unerlaubt mein Foto von unserer Vereinsseite. Ich bin erst durch die Beschimpfung einer mir völlig unbekannten Person auf

Facebook auf diesen Blogeintrag aufmerksam geworden. Am gleichen Tag hatten meine Social-Media-Profile plötzlich eine enorme Klickzahl. Innerhalb von 24 Stunden hatte der Blogeintrag 122 Kommentare. Die Kommentator:innen haben sich gegenseitig die Bälle zugespielt: »Ich habe gerade Judith Blumbergs LinkedIn-Profil gefunden, schaut mal hier ... Und hier ihre Fotos auf diesen Seiten ...« Die Kommentare waren extrem sexistisch. Der Blogeintrag nennt mich die ganze Zeit »Fräulein«, das finde ich absolut widerlich. Das setzt sich in den Kommentaren mit Bemerkungen über mein Aussehen fort, darüber, dass ich eine junge Frau bin. Es gibt sexuell anzügliche Wortmeldungen und Gewaltphantasien. Einer schreibt etwa, »so eine hässliche Fresse, darin würde ich gerne einen Angelhaken sehen«. Ich weiß, dass das alles nichts mit mir als Person zu tun hat. Aber es ist anstrengend, die innere Distanz gegenüber solchen Beleidigungen herzustellen.

Der Blogartikel ist wenige Wochen nach dem Anschlag auf die Synagoge in Halle erschienen. In den Kommentaren wurde auf Grund meines Namens darüber spekuliert, ob ich Jüdin sei. Das ist nicht der Fall, aber das ist ja irrelevant. Ich fand das bedrohlich. Ich habe sofort alle meine Social-Media-Profile auf privat gestellt. Am Theater wurden meine Kontaktdaten von der Website genommen, externe Anrufe nicht mehr direkt zu mir durchgestellt. Ich fühlte einen großen Kontrollverlust und mich beschmutzt. Innerlich musste ich mich noch längere Zeit mit diesen Angriffen beschäftigen. Für meine Arbeit ist es wichtig, *offen auf Menschen zuzugehen. In den ersten Monaten nach diesen Beleidigungen war das schwierig. Ich habe mit Unterstützung des Vereins* Hate Aid *versucht, juristisch gegen diesen Blog vorzugehen, strafrechtlich und zivilrechtlich. Das war nicht erfolgreich, denn der Blog hat kein Impressum.*

Die in dem rechten Blog bemühte Polemik gegen »verwöhnte Bürgerkinder« bedient das Feindbildkonstrukt abgehobener Eliten. Weil es in Hassbotschaften auf Feinheiten der Logik nicht ankommt, polemisiert der *Politically-Incorrect*-Beitrag gleichzeitig gegen den »Musentempel« der »Bürgerkinder« wie gegen die Arbeit der Diversitätsbeauftragten, die gerade Menschen aller und dezidiert nicht nur bürgerlicher Schichten in das Theater einladen will. Typisch an den Angriffen auf die Diversitätsbeauftragte ist neben der dichten Social-Media-Vernetzung der rechten Trolle, dass sich ihre Beleidigungen mit ihrem Sexismus und der armseligen Misogynie direkt gegen die angegriffene Person und ihr privates Umfeld richten. Dass sie eine junge Frau zum Objekt ihrer Aggression machen, entspricht dem rechten Antifeminismus. Es geht nicht um eine inhaltliche Auseinandersetzung, sondern einzig um das Ziel, einen als feindlich markierten Menschen verbal möglichst brutal herabzusetzen. Auf diese Weise Adressat:innen der Aggression zu markieren und zur Zielscheibe hasserfüllter Social-Media-Kommentare zu machen, ist eine wichtige Funktion rechter Blogs wie *Politically Incorrect News*. Diese Wirkung erreichen nicht nur obskure Blogs in der rechtlichen Grauzone ohne Impressum, sondern zum Beispiel auch die Twittermitteilungen Rainer Meyers, einem Kolumnisten der Zeitung *Die Welt*. Nachdem Meyer gegen den Blogger Alex Urban, der für antifaschistische Internetseiten arbeitet, auf Twitter polemisiert hatte, gingen auf Urbans Account zahlreiche rechtsradikale Schmähmails ein. Meyers Vorgehen wurde unter anderen von den Publizistinnen Margarete Stokowski, Sibel Schick und Jasmina Kuhnke öffentlich kritisiert. Kuhnke wurde daraufhin online »überrollt mit rassistischem und faschistischem Gedankengut, Beleidigungen, Drohungen, sogar Morddrohungen«[66]. Die Journalistin Antonia Baum beschreibt in der *ZEIT* Meyers Vorgehen: »Ohne selbst je in einen justiziablen Bereich zu geraten, lenkt Meyer die Aufmerksamkeit seiner Fans in seinen Artikeln und Tweets auf bestimmte Menschen, die er nicht zu mögen scheint. Diese Menschen – manchmal auch ihre Familien – sind dann teilweise über Jahre hinweg Beschimpfungen, Vergewaltigungs- und Morddrohungen ausgesetzt, mutmaßlich ausgehend von den mutmaßlich rechtsextremen Rainer-Meyer-Fans.«[67] Das beschreibt das Muster der auf Social Media verbreiteten Feindbildmarkierung, die die Theatermitarbeiterin erlebt hat.

Heinz Ostermann betreibt die Buchhandlung Leporello in Berlin. Sein Bericht:

Wir sind eine literarische Buchhandlung in dem bürgerlichen Berliner Stadtteil Rudow. Wir waren etwas entsetzt über die Wahlerfolge der AfD. Deshalb haben wir 2016 gemeinsam mit anderen Buchhandlungen einige Lesungen gemacht, in denen wir uns kritisch damit auseinandergesetzt haben. Etwa zwei Wochen nach der Veranstaltung in unserer Buchhandlung, im Dezember 2016, hat jemand meine Schaufensterscheibe eingeworfen. Einen Monat später, am 23. Januar 2017, wurde nachts gegen halb drei mein Auto angezündet, ein ganz normaler privater Pkw, kein Lieferwagen mit dem Namen der Buchhandlung. Er stand vor meiner Wohnung auf der Straße, etwa zehn Kilometer von der Buchhandlung entfernt. Da parken viele andere schöne Autos, aber nur meins wurde angezündet. Die Täter müssen mich verfolgt und ausgespäht haben. Das Auto brannte komplett aus. Ziemlich genau ein Jahr später wurde auch mein neues Auto abgefackelt, in der Nacht zum 1. Februar 2018, wieder nachts gegen drei Uhr. Den Glasschaden am Schaufenster hat die Versicherung übernommen. Nach dem ersten Brand gab es eine Spendenkampagne, die mir sehr geholfen hat. Ich wurde aufgefangen und unterstützt von meinen Kund:innen, die mir Mut gemacht haben, auch vom Börsenverein

*des Deutschen Buchhandels. Für diese Solidarität war ich
sehr dankbar. Der finanzielle Schaden hielt sich daher
in Grenzen. Am unangenehmsten war das Gefühl, dass
sie wissen, wo ich wohne. Das war auch belastend für
Menschen, die mir nahestehen. Ich habe mich direkt nach
den Brandanschlägen zunächst nicht körperlich bedroht
gefühlt. Das hat sich durch Verbrechen wie den Mord
an Walter Lübcke geändert. Man weiß nicht, wie sehr
sich diese Leute oder irgendwelche Trittbrettfahrer:innen
radikalisieren. Eine Zeit lang hatte ich Angst davor, dass
Rechtsradikale im Buchladen randalieren. Es gibt in Neu-
kölln-Rudow seit Jahren eine Anschlagsserie von Rechtsradikalen. Diese Taten sind bis heute nicht aufgeklärt. Ich
bereue es nicht, dass wir diese Veranstaltungen gemacht
haben, im Gegenteil. Nach dem zweiten Brandanschlag
haben wir mit vielen anderen im Stadtteil eine Initiative
gegründet, ›Rudow empört sich – Gemeinsam für Respekt
und Vielfalt‹. Wir machen jetzt regelmäßig Veranstaltungen gegen die neuen Nazis.*

Im Zeitraum der Anschläge gegen den Buchhändler
verübten Rechtsextremisten im Berliner Stadtteil Neukölln, in dem Ostermanns Buchhandlung liegt, eine
Reihe von Gewaltverbrechen. Der Süden des Bezirks ist
ein Schwerpunkt von Rechtsextremisten in Berlin. Die
auffälligen Ermittlungsfehler der Polizei bei der sehr
schleppenden Aufklärung, mutmaßliche Verbindungen
einzelner Polizist:innen zur AfD und mögliche rechte

Sympathien des zuständigen Staatsanwalts beschäftigten einen Untersuchungsausschuss im Abgeordnetenhaus. Zwei bekannte Neonazis wurden wegen verschiedener Brandanschläge und anderer Delikte angeklagt. Die Urteile fielen in erster Instanz erstaunlich niedrig aus. Ein Angeklagter wurden wegen anderer Straftaten zu einer Geldstrafe von 4.500 Euro, der andere ebenfalls wegen anderer Straftaten zu einer Haftstrafe von eineinhalb Jahren ohne Bewährung verurteilt. Die Brandstiftungen waren in den Augen des Gerichts nicht erwiesen, obwohl die Tatverdächtigen den Buchhändler und ein anderes Opfer eines Brandanschlages systematisch observiert hatten. Kein Wunder, dass Heinz Ostermann mit dem Verfahren unzufrieden ist: »Es war enttäuschend, dass nur bei zwei von 15 Brandanschlägen seit 2016 Klage gegen die Hauptverdächtigen erhoben wurde. Die freigesprochenen Tatverdächtigen mit ihrer Kameradschaft fühlen sich logischerweise bestärkt, mit ihrem rechten Terror weiterzumachen.« Im Sinne von Heitmeyers Begriff der Bedrohungsallianz ließe sich eine Linie von den verbalen Attacken von Politiker:innen gegen das »linksliberale Kulturestablishment« zu den Anschlägen der Neuköllner Brandstifter ziehen.

Philipp Schaller ist künstlerischer Leiter des traditions-
reichen Kabaretts »Herkuleskeule« in Dresden. Sein
Bericht:

Am 11. Januar 2020 wurde die Aufführung unseres Kaba-
rettprogramms Betreutes Denken *von einer Besuchergrup-*
pe so massiv gestört, dass wir sie unterbrechen mussten. Die
Störung setzte gleich zu Beginn der Vorstellung ein. Schon
vorher hatte sich die etwa 15-köpfige Gruppe im Foyer
auffällig benommen und sich zum Beispiel selbst an der
Theke ein Bier gezapft, offenbar waren sie angetrunken.
Sie störten die Vorstellung mit Zwischenrufen wie »Aus-
ziehen!«, »AfD, AfD!« oder »Scheiß-Asylanten!«

Nach mehreren Bitten, leise zu sein, mussten die
Schauspieler:innen die Vorstellung unterbrechen und die
Störer bitten zu gehen. Weil sie sich weigerten, ist eine
Schauspielerin in den Zuschauerraum gegangen, um sie
direkt aufzufordern, das Theater zu verlassen. Das waren
lauter kräftige Männer, einer der Störer hat sich ihr be-
drohlich genähert. Als ihr ein Schauspieler beistehen wollte,
hat ein anderer Störer ein Bierglas nach ihm geworfen. Es
hat ihn Gott sei Dank nur an der Schläfe gestreift. Das
hätte auch anders ausgehen können.

Die Gruppe war extra aus Cottbus angereist. Nach allem,
was wir hören, kommen sie aus der rechten Szene. Sie
sollen schon andere Kulturveranstaltungen in Dresden ge-

stört haben. Ich weiß nicht, weshalb sie an diesem Abend zu uns gekommen sind, aber es ist kein Geheimnis, dass wir die AfD und die Pegida-Aufmärsche kritisch sehen. Im Sommer 2019 haben wir als Kommentar zum Landtagswahlkampf in Sachsen mit anderen Kabarettensembles aus ganz Deutschland unter dem Titel »Blau machen ist keine Alternative« eine große Veranstaltung gegen die AfD organisiert. Vielleicht war das der Anlass für die Störer.

Es kommt manchmal vor, dass Zuschauer:innen dazwischenrufen. Wenn man in einem Programm über die Menschen spricht, die im Mittelmeer ertrinken, ist es schon passiert, dass jemand ruft »Lasst sie doch ersaufen!« oder »Warum sollen wir die retten?«. Wir haben im Kabarett den bürgerlichen Querschnitt der Bevölkerung im Zuschauerraum sitzen, das finde ich auch gut so. Mit Zwischenrufen kann man als Kabarettist umgehen. Aber so massiv und zum Teil gewalttätig zu stören, dass wir eine Vorstellung unterbrechen müssen, hat eine andere Härte. Das haben wir da zum ersten Mal erlebt. Nachdem wir die Polizei gerufen hatten, haben die Störer das Theater verlassen.

Nach dem Vorfall haben wir Dutzende Mails mit Beschimpfungen erhalten, mit Betreffzeilen wie »Ihr linken Ratten«. Nach einigen Interviews, in denen ich die AfD als »faschistische Partei« bezeichnet habe, beschwerte sich bei mir eine AfD-Stadträtin und wollte einen geschenkten Kartengutschein zurückgeben. Den Wunsch haben wir ihr gern erfüllt. Die AfD-Fraktion hat dann im Stadtrat eine Anfrage zu unseren Mietverträgen gestellt.

Der Staatsschutz der Polizei hat die Ermittlungen einge-
stellt. Aus der Zeitung haben wir erfahren, dass seitens der
Staatsanwaltschaft kein politisch motivierter Hintergrund
zu erkennen sei. Was uns passiert ist, ist schlimm genug.
Aber das ist ein Klacks gegenüber dem, was andere jeden
Tag erleben, zum Beispiel weil irgendwem ihre Hautfarbe
nicht gefällt, oder weil sie sich für die Seenotrettung Ge-
flüchteter einsetzen. Wir haben die Vorstellung nach der
Störung weitergespielt. Viele der restlichen 200 Zuschau-
er:innen haben die Schauspieler:innen unterstützt und
die Störer aufgefordert zu gehen. Die Schauspieler:innen
hatten einen guten Teil des Publikums auf ihrer Seite. Das
gehört auch zur Wahrheit, auch in einer Stadt wie Dresden.
Und das macht uns Mut.

Die Szene illustriert prägnant das Verhältnis zwischen
Demokrat:innen in einer Kultureinrichtung (mit etwas
Optimismus könnte man vielleicht sagen: und einem
großen Teil der Gesellschaft) – und einem angetrunkenen rechten Rand, dessen Kernkompetenzen im Pöbeln
und in der Gewaltandrohung bestehen.

5 MODERNE KUNST: DAS BEISPIEL ZWICKAU

Im Februar 2022 führen die »Spaziergänge« der Corona-leugner:innen in der sächsischen Kleinstadt Zwickau zielgerichtet an der Galerie des Kunstvereins »Freunde aktueller Kunst« vorbei. An den Demonstrationen nehmen zahlreiche Rechtsradikale teil. Die Route ist kein Zufall, der Kunstverein ist seit längerer Zeit regelmäßig Ziel rechter Übergriffe. Im Oktober 2021 marschieren bei einer Vernissage des Fotografen Thomas Florschuetz Rechtsradikale vor der Galerie mit Transparenten auf. Im Juli 2021 stören sie lautstark die Ausstellungseröffnung der prominenten Schweizer Künstlerin Pipilotti Rist. Rists Videos und Installationen sind weit entfernt von aller politischen Härte. Die Pop-Art-Künstlerin spielt in ihren Arbeiten mit Ironie und Doppelbödigkeit und hat kein Interesse an essentialistischen Ideologien oder eindeutigen Botschaften, welcher Art auch immer. Trotzdem wird die Ausstellung als Feindbild genutzt, gegen das die vor der Galerie aufmarschierenden Rechten ihre regressive Identitätsbehauptung einer archaischen Nation beschwören. Etwas zugespitzt formuliert: Die Rechten demonstrieren mit ihrem Protest gegen die Rist-Ausstellung ihre militante

Ambiguitätsintoleranz und Überforderung durch die Kultur der Moderne. Die Vieldeutigkeit, das Schillern der möglichen Bedeutungen zum Beispiel eines Kunstwerks löst allergische Reaktionen und Gewaltandrohungen aus. Jede künstlerische Mitteilung und am besten auch jede Person sollen in ein Freund-Feind-Schema gepresst werden. Das ironische Pop-Spiel mit verschiedenen Ebenen und Zeichen wird als Irritation simpler Weltbilder wahrgenommen. Kunst muss nicht dezidiert antifaschistisch sein, um bei Zwickauer Nazis nervöse Zuckungen auszulösen.

Die Aufmärsche der örtlichen Rechtsextremen vor der Galerie wiederholen sich in stetiger Regelmäßigkeit, ein Protestritual und Wut-Straßentheater, das keinen aktuellen Anlass braucht. Dabei rufen die Demonstrant:innen beispielsweise »Und das soll Kunst sein?« und beschimpfen Künstler:innen als »abgehoben« und »neoliberal«. Sie fotografieren und filmen Ausstellungen, die Besucher:innen und Künstler:innen durch die Fensterscheibe der Galerie und verhöhnen die abgefilmte Kunst anschließend auf Facebook und Telegram als »gesellschaftliche Verfallserscheinungen«. Der Galerist Klaus Fischer berichtet, dass die Galerie über einen längeren Zeitraum »regelmäßig zwei Mal in der Woche, montags und freitags, Besuch« bekommen hat. »Ganz verlässlich, wenn wir Ausstellungen eröffnen – pünktlich um halb sieben tauchen einige Leute aus dem rechten Spektrum Zwickaus auf. Sie sind da, um ihre wirklich kruden Ansichten verlauten zu lassen. Dazu gehört dann zum Beispiel, dass wir kein Geld bekommen würden, wenn sie an der Regierung wären, weil wir keine völkische Kunst zeigen.«[68]

Bezeichnend sind die regelmäßigen Übergriffe auf die Galerie nicht nur wegen der Allianzen zwischen Coronaleugner:innen und harten Rechtsextremen, sondern auch wegen des Orts des Geschehens. Zwickau ist eine Stadt, in der Aktivist:innen der Neuen Rechten seit Jahrzehnten nicht ohne Erfolg an der Verschiebung von Normalitätsstandards und ihrer Dominanz im öffentlichen Raum arbeiten. Bei der Bundestagswahl 2021 konnte der AfD-Kandidat mit über 25 Prozent der Stimmen den Wahlkreis als Direktkandidat gewinnen. Militante Rechtsradikale treten in der Stadt selbstbewusst auf. »Die extreme Rechte in Zwickau ist offensiv, gewaltbereit und fühlt sich sicher in ihrem Tun. Seit Jahren terrorisieren unterschiedliche extrem rechte Gruppen marginalisierte und engagierte Personen in Zwickau. Unterdessen gedeiht eine extrem rechte Erlebniswelt und die AfD wurde zur mit Abstand stärksten politischen Kraft«, analysiert der Journalist Johannes Grunert 2021 in einer materialreichen Studie der Universität Leipzig.[69]

Die in Zwickau untergetauchten Terrorist:innen des NSU fanden hier unter den lokalen Neonazis ein klandestines Unterstützernetzwerk. Die militante Kameradschaft »Nationale Sozialisten Zwickau« trat seit Mitte der Nuller-Jahre bei Demonstrationen und gewalttätigen Übergriffen in Erscheinung. Die Kleinpartei »Der III. Weg« ist in Zwickau seit Ende der 2010er Jahre präsent. »Die extrem rechten Gruppen gehen in Zwickau besonders offensiv gegen politisch Andersdenkende vor, was sich in regelmäßigen Drohungen, Schmähungen und körperlichen Angriffen äußert. Die Leidtragenden sind BIPoC, Linke, antifaschistisch Engagierte, Personen aus der Klimabewegung, Mitglieder demokratischer Parteien und andere, die nicht in das rechte Weltbild passen. Sie werden regelmäßig angegriffen, wodurch sich die Zwickauer Innenstadt für viele von ihnen zu einem Angstraum entwickelt hat«, beobachtet Grunert. Die Übergriffe auf die Galerie wirken wie die Fortsetzung der rechten Versuche, den öffentlichen Raum durch Gewaltandrohung und Einschüchterung zu dominieren.

6 DAS POPULISTISCHE MUSTER

Wenn die Zwickauer Kunstfeinde die Künstler:innen und Galeriebesucher:innen als »abgehoben« und »elitär« beschimpfen, verwenden sie ein bei Populist:innen und Rechtsextremen beliebtes Muster. Die Feindbildkonstruktion einer abgehobenen, geldgierigen, volksfernen oder mit einem antisemitischen Code als »globalistisch« beschimpften Elite wird der Fiktion eines »wahren« Volkes entgegengesetzt. Wer zur Volksgemeinschaft zählt und ihre Grenzen definiert, ist für die rechten Wutbürger:innen keine Frage: sie selbst und ihre Gesinnungsgenoss:innen. Wer sie dagegen mit bunter, ironischer, moderner Kunst überfordert, wird von den Hooligans vor der Zwickauer Galerie reflexhaft der imaginären Volksverräterelite zugerechnet: Was wir nicht verstehen oder wer uns nicht gefällt, gehört nicht zum Volk. Der Politikwissenschaftler Jan-Werner Müller hat das Muster auf eine prägnante Formel gebracht: »Populismus ist eine ganz bestimmte Politikvorstellung, laut der einem moralisch reinen, homogenen Volk stets unmoralische, korrupte und parasitäre Eliten gegenüberstehen – wobei diese Art von Eliten eigentlich gar nicht wirklich zum Volk gehören.«[70] Große Teile des nicht kommerziellen Kulturbetriebs passen wegen ihrer Weltoffenheit und liberalen Haltung, aber auch wegen der gegenüber Theatern, Museen oder Opernhäusern schnell griffbereiten Unterstellung einer elitären Hochkultur und ihrer öffentlichen Subventionierung hervorragend in dieses populistische Schema.

Zahlreiche AfD-Vertreter:innen haben eine gewisse Routine darin entwickelt, ihr Ressentiment gegen Kultureinrichtungen in die Forderung zu kleiden, ihnen die öffentliche Finanzierung zu entziehen. Entsprechende Anträge in Landtagen oder kommunalen Kultur- und Haushaltsausschüssen sind formal natürlich legitim, die Kontrolle der Haushaltspolitik der Regierung gehört zu den Aufgaben einer Oppositionspartei. Allerdings dienen solche AfD-Forderungen häufig im Kern nicht der Haushaltsdisziplin, sondern lediglich der Feindbildmarkierung und dem Ziel der Einschüchterung unliebsamer Kulturinstitutionen. Der Vorwurf angeblicher Geldverschwendung zielt dabei auf das Klischee korrupter, geldgieriger, liberaler Eliten. Dass das angesichts der bescheidenen Gage vieler Bühnenkünstler:innen mit der Wirklichkeit wenig zu tun hat, stört die Polemik nicht weiter.

Offenkundig verfolgt die Forderung nach Budgetkürzungen häufig vor allem den Zweck, die Arbeit von Kultureinrichtungen zu diskreditieren. So begründet der Berliner AfD-Abgeordnete Dieter Neuendorf die Forderung, die Zuwendungen für das Maxim Gorki

Theater zu beschneiden, mit dessen inhaltlicher Ausrichtung: »Unter der Intendantin Shermin Langhoff reduziert sich das Maxim Gorki Theater zunehmend auf politischen Kulturkampf und Gesinnungstheater. Es ist der bürgerlichen Mitte unseres Volkes nicht plausibel zu erklären, warum Kultureinrichtungen, die sich in den Dienst einer einseitigen politischen Agenda stellen, durch öffentliche Mittel finanziert werden.«[71] Ähnlich polemisch begründet der AfD-Abgeordnete Hans-Joachim Berg in einer Sitzung des Kulturausschusses des Berliner Abgeordnetenhauses den Antrag, die Zuwendungen für das Deutsche Theater Berlin unter dem Intendanten Ulrich Khuon zu kürzen: »Selbstverständlich kann Herr Khuon Gesinnungstheater und Propagandatheater machen. Der Punkt ist nur: Das kann er nicht mit Steuermitteln machen. [...] Es kann nicht die Aufgabe von öffentlichen Mitteln sein, Gesinnungstheater zu finanzieren. [...] Und deswegen sind wir für das Streichen der Zuschüsse für das Deutsche Theater.«[72] Ausgerechnet Ulrich Khuons gutbürgerlicher, wohltemperierter Bühne »Propagandatheater« zu attestieren, ist absurd. Die Vorwürfe zeugen nicht von Theaterkenntnis, sondern von Ressentiment.

Solche als Etatdebatte camouflierte Polemik gehört zum kulturpolitischen Standardprogramm zahlreicher AfD-Vertreter:innen. Typisch für diese gezielt beleidigende Rhetorik ist die Wortmeldung des AfD-Abgeordneten Rainer Balzer in einer Plenarsitzung des Landtags von Baden-Württemberg: »Wenn sich Theaterintendanten und Regisseure im eigenen Saft braten wollen und eine Kunst für immer weniger Zuschauer hervorbringen, können sie das gern tun – aber ohne Steuergelder. Wenn die Theater mit Steuergeldern subventioniert werden, dürfen sich die Intendanten und Theaterregisseure nicht von der Bevölkerung entfremden.«[73] Bezeichnend für die populistische Rhetorik und die Versuche, bestimmte Kultureinrichtungen mit dem Vorwurf der Geldverschwendung zu diskreditieren, ist die Polemik von Mitgliedern der AfD-Stadtratsfraktion Dresden gegen das Festspielhaus Hellerau, einer Spielstätte unter anderem für modernes Tanztheater. Die stellvertretende Vorsitzende der AfD-Stadtratsfraktion Dresden, Silke Schöps, nennt das Festspielhaus ein »Fass ohne Boden«. Sie fordert ein Programm für »ein breites Publikum. Wenn die Qualität stimmt, sind Besucher auch bereit, deutlich höhere Eintrittspreise zu zahlen. [...] Kunst darf sich nicht zum Protagonisten politisch linker Randgruppen machen lassen. Warum sollten das gerade diejenigen mit ihren Steuergeldern auch noch (mit)finanzieren, für die das alles keinerlei Relevanz hat oder die sogar gezielt aus dem Diskurs ausgegrenzt werden?«[74]

Auf ähnlich aggressive Weise stellt die damalige kultur- und tourismuspolitische Sprecherin der AfD-Fraktion im Thüringer Landtag, Tosca Kniese, Teile der öffentlichen Kulturfinanzierung in Frage: »Gerade in Zeiten der

Krise wird deutlich, wie überflüssig linksideologische Kulturprojekte sind.«[75] Die Politikerin fordert pauschal, »sämtliche Klientel-Alimentierung im Kunstbereich zu streichen und die Gelder stattdessen der regionalen Wirtschaft zukommen zu lassen«[76]. Gewohnt brachial sind die ideologisch begründeten Einsparforderungen des AfD-Hardliners Tillschneider, wenn er verlangt, Theatern, die »buntes Agitprop-Repertoire mit Regenbogen-Willkommens-Trallala auf die Bühne bringen«, die Subventionen zu streichen: »Wenn ein Theater nur solche Stücke spielt, dann sehen wir keinen Sinn mehr darin, das zu fördern. Dann würden wir natürlich sagen, das Ding muss zugemacht werden. Ganz einfach.«[77]

Die Reihe derartiger Ausfälle ließe sich lange fortsetzen. Das Muster der populistischen Rhetorik und der als Beitrag zur Haushaltspolitik camouflierten Beleidigung dürfte deutlich geworden sein.

»Linksliberales Kulturestablishment«:
Exklusion im Kulturbetrieb

Wenn die rechte Polemik gegen ein angebliches »linksliberales Kulturestablishment« so gut in das populistische Schema einer Unterscheidung zwischen »wahrem Volk« und abgehobenen Eliten passt, stellen sich unangenehme Fragen. Weshalb eignen sich Teile des Kulturbetriebs zumindest in der verzerrten rechten Darstellung zur Illustration des populistischen Schemas? Liefern die Kultureinrichtungen selbst ungewollt Material für Zerrbilder dieser Art? Ein aktuelles, sicher zugespitztes Beispiel: Wenn die geplante Sanierung des Gebäudes der Oper Stuttgart über eine Milliarde Euro kosten soll, kann man ahnen, wie Stuttgarter:innen, die im Niedriglohnbereich arbeiten oder von Renten an der Armutsgrenze leben, das finden. Sollte ihr Einkommen als Reinigungskraft oder Regalauffüller:in im Supermarkt nicht zum Leben reichen, müssen sie sich nach der Schicht bei der Tafel anstellen oder die Demütigungsrituale der Ämter über sich ergehen lassen, um Wohngeld oder Hilfe zum Lebensunterhalt zu beantragen. Ein Opernabonnement dürften die wenigsten von ihnen haben. Opernfreund:innen sollten zumindest nicht erwarten, dass diese Menschen die öffentliche Finanzierung des Opernbetriebs euphorisch begrüßen und jederzeit leidenschaftlich verteidigen. Die rechten Übergriffe auf die Kunstfreiheit und die Polemik gegen ihre öffentliche Finanzierung erhöhen den Legitimationsdruck der Kultureinrichtungen – und die Notwendigkeit, eigenes Verhalten daraufhin zu überprüfen, ob und inwiefern es ungewollt das populistische Schema bestätigt.

Um zu verstehen, weshalb die populistische Frontenbildung für die Neue Rechte so attraktiv ist, ist ein Seitenblick auf die Spaltungen der Gesellschaft und ihre Spuren im Bewusstsein der Menschen hilfreich. Der Arbeitssoziologe Klaus Dörre hat in empirischen Studien das Selbst- und Gesellschaftsbild gewerkschaftlich organisierter Industriearbeiter:innen untersucht. Natürlich setzt sich die soziale Spaltung auch in der Belegschaft der Unternehmen fort. Die von Dörre Befragten haben deutlich bessere Einkommen als prekär Beschäftigte, etwa Leiharbeiter:innen oder Mitarbeiter:innen im großen Niedriglohnsektor.[78] Dörre beobachtet »ein strikt dichotomisches, also ein in oben und unten gegliedertes Weltbild«[79].

Er beschreibt, dass die von seiner Forschungsgruppe befragten Facharbeiter:innen aus der baden-württembergischen Automobilindustrie die Überzeugung äußern, »dass mit dem gesamten System etwas nicht stimmt«. Unter dem diffusen Begriff des Systems verstehen sie »eine Ansammlung dunkler Mächte«, die »vom Finanzkapitalisten über einen personifizierten Kapitalisten wie Bill Gates bis zur Bundesregierung« reicht. Dem steht im Weltbild der befragten Arbeiter:innen »das Volk« gegenüber. »Zwischen dem als feindlich erlebten System und dem als homogene Gemeinschaft gedachten Volk vermittelt die Verschwörungstheorie. Das ist der Kausalmechanismus, der das Systemversagen mit dem Gedanken, dass das Volk sich wehren und die Eliten zu Fall bringen muss, verbindet«, analysiert Dörre. Alarmierend an seinem Befund ist nicht nur das an rechte Ideologien anschlussfähige Weltbild der Befragten, sondern auch die Tatsache, dass es sich um Vertrauensleute der IG Metall, also aktive Gewerkschafter:innen aus der Automobilindustrie handelt – eigentlich klassische SPD-Wähler:innen, keine sozial Abgehängten, sondern gut abgesicherte Facharbeiter:innen.

In Bezug auf die rechte Aggression gegen die Kunstfreiheit ist eine weitere Beobachtung Dörres aufschlussreich. Für die befragten Arbeiter:innen hat ihre »kollektive Abwertungserfahrung, die nach rechts interpretiert wird, neben der materiellen eine kulturelle Dimension – etwa, wenn sie ihre traditionellen Lebensentwürfe, Werte und Familienbilder in Frage gestellt sehen«. Das erklärt, weshalb für die Neue Rechte die Polemik gegen den »Genderwahn«, also den Gebrauch einer geschlechtergerechten Sprache, sowie die Hetze gegen sexuelle Minderheiten so attraktiv sind: Mit diesen Feindbildmarkierungen lässt sich ein linker Angriff gegen traditionelle Familienmodelle suggerieren, zu deren Verteidigung sich die rechten Lautsprecher:innen anbieten. »Dazu kommt fehlende Repräsentanz«, beobachtet Dörre: »In unserer Gesellschaft ist der Klassenkampf immer auch ein Kampf um Öffentlichkeit. Und die Industriearbeiter:innen haben mit ihren Problemen in der Öffentlichkeit über Jahrzehnte hinweg kaum noch stattgefunden.«

Auf die Frage, ob die von ihm befragten Arbeiter:innen auch den Kulturbetrieb der öffentlich subventionierten Theater, Museen, Opernhäuser zu dem von ihnen als feindlich erlebten »System« rechnen würden und ob diese Kulturinstitutionen den Arbeiter:innen gegenüber exklusiv wirken und so zur kollektiven Erfahrung kultureller Abwertung beitragen, ist Dörres Antwort eindeutig: »Ich weiß, dass ich damit viele vor den Kopf stoße, aber ich würde beides mit Ja beantworten. Meines Erachtens hilft es aber nicht, zu sagen, wir müssen jetzt die Probleme der Arbeiter aufgreifen, und dann kommen sie ins Theater. Das wird nicht passieren. Die Frage geht ganz anders: Was für eine Art von Unterhaltung erwarten die? Andererseits: Wenn sie die Möglichkeit haben, selbst in einer Amateurtheatergruppe mitzumachen, kommen dabei die tollsten Sachen raus. Das scheint mir ein ganz wichtiger Punkt zu sein.«

Dörres Beobachtungen werfen ein interessantes und irritierendes Licht auf den Kulturbetrieb. Man kann zumindest fragen, ob die von den Kulturinstitutionen für sich gerne in Anspruch genommene Inklusivität nur bestimmte Milieus meint und erreicht, zu denen zum Beispiel Industriearbeiter:innen oder Menschen in Niedriglohnjobs nicht unbedingt zählen. Akteur:innen der Neuen Rechten nutzen diese ungewollte, aber auch nicht unbedingt als größeres Problem wahrgenommene Exklusivität in Teilen des Kulturbetriebs für die Konstruktion von Feindbildern und das Bespielen des populistischen Schemas.

7 VERROSTETE HUFEISEN

Angesichts der Anzahl, Heftigkeit und Kontinuität der rechten Übergriffe auf die Kunstfreiheit fällt ein gewisses Missverhältnis der Berichterstattung auf. Entsprechende Vorfälle werden in der überregionalen Presse relativ selten in größeren Beiträgen untersucht. Gleichzeitig ist die echte oder vermeintliche Beschädigung der Kunstfreiheit durch eine Cancel Culture ein Thema, das die Feuilletons häufig, ausführlich und in vielen Variationen beschäftigt. Plötzlich »glaubten all die NZZ- und Welt-Leser tatsächlich, sie dürften ihren Lieblingsbeschäftigungen nicht mehr ungestört nachgehen, weil eine woke Kulturpolizei es ihnen verbietet: etwa dem leidenschaftlichen Übersetzen afroamerikanischer Slampoetry«, spottet der Poptheoretiker Diedrich Diederichsen über die plumperen Teile der Debatte. Kritik an rassistischem Sprachgebrauch umstandslos mit Zensur zu verwechseln, gehört zu den von Ressentiments getriebenen Kurzschlüssen. Dagegen formuliert Diederichsen eine Selbstverständlichkeit: »Ohne dieses und jenes zu canceln, kommt die Menschheit natürlich keinen Schritt weiter.«[80]

Die »Hufeisentheorie«, die unbekümmert um Differenzierungen rechten mit linkem Extremismus und woken Empfindlichkeiten parallelschaltet, greift zu kurz.[81] Ein Teil der Kritik an diskriminierendem Sprach- und Symbolgebrauch oder der Debatte darüber, wer wen legitimerweise repräsentieren kann, mag zu aufgeregt, einseitig, ungenau, selbstgerecht und überzogen sein und unter mangelnder Begriffsgenauigkeit leiden. Aber es ist eine Debatte, die mit Argumenten operiert, nicht mit gezielter Einschüchterung, Morddrohungen und Brandanschlägen. Ihr Ziel, mehr Gleichberechtigung und weniger Diskriminierung, ist rechten Ideologien der Ungleichwertigkeit und ihrem Anspruch auf Privilegierung Deutschstämmiger diametral entgegengesetzt. Im Gegensatz zu paranoiden Ängsten um ein bedrohtes »Abendland« reagiert sie auf reale Missstände: Rassismus ist »real as fuck«, um es mit den Worten des Rappers Ice-T zu sagen. Der deutliche Unterschied in den verwendeten Mitteln wie den jeweiligen Zielen zeigt die Konfusion und Unredlichkeit einer Gleichsetzung rechter Angriffe auf die Kunstfreiheit mit einer woken Cancel Culture. Zu dieser Unredlichkeit gehört auch, dass der Schriftsteller Uwe Tellkamp in vielen Variationen eine angebliche »Verengung des Meinungshorizonts«[82] beklagt, mit dieser Meinung aber in vielen Feuilletons, in Fernsehsendungen, auf zahllosen öffentlichen Podien recht präsent ist – der klassische Fall eines performativen Selbstwiderspruchs. Während Tellkamp eine drohende »Gesinnungsdiktatur« herbeiphantasiert, erhalten seine Romane gut dotierte Literaturpreise und erscheinen in einem der renommiertesten Verlage des Landes. Eine Diktatur hatte man sich irgendwie unfreundlicher vorgestellt.

Als sich der S. Fischer Verlag 2020 entschieden hat, auf weitere Buchveröffentlichungen der Schriftstellerin Monika Maron zu verzichten, wurde diese Trennung in den Feuilletons flächendeckend diskutiert, auch unter der Fragestellung, ob der Verlag eine Form der Gesinnungszensur ausübe. Auslöser der Verlagsentscheidung war unter anderem, dass Maron einen Essayband in der Buchreihe »Exil« veröffentlicht hatte, die vom rechtskonservativen Buchhaus Loschwitz herausgegeben und vom Verlag des rechtsextremen Publizisten Götz Kubitschek vertrieben wird. Dass sich Verlage und Autoren voneinander trennen, kommt öfter vor. Dass man bei S. Fischer, immerhin der Verlag von Raul Hilberg, Anne Frank, Thomas Mann, Alfred Döblin, Sigmund Freud und Max Horkheimer, über die Nähe Monika Marons zum Umfeld Kubitscheks nicht glücklich war, ist nicht erstaunlich. Die Schriftstellerin fand problemlos einen anderen Verlag für ihre Bücher. Man kann bezweifeln, dass dieser Vorgang hysterische Äußerungen rechtfertigt wie den Kommentar der *NZZ*, der Fischer Verlag habe sich »menschlich anmaßend und intellektuell armselig«[82] verhalten. Im

Kontrast dazu fällt auf, dass zwei Brandanschläge und eine eingeschlagene Schaufensterscheibe bei einem Berliner Buchhändler, der eine Lesung gegen Rechtsextremismus veranstaltet hatte, wenig Echo in den Medien gefunden hat.

Als das Hamburger Harbour Front Literaturfestival 2020 die für ihre Brachialverstöße gegen die politische Korrektheit wahlweise gefeierte, gefürchtete oder belächelte Kabarettistin Lisa Eckhart erst ein- und dann wieder ausgeladen hat, wurde das unter anderem mit der Furcht vor Übergriffen der linksautonomen Szene begründet: Es hieß »öffentlich, dass es Warnungen aus der Nachbarschaft gegeben habe: trete Eckhart auf, könnte es zu gewalttätigen Attacken militanter Linker kommen«, berichtete der *Spiegel*.[83] Der Veranstaltungsort machte Gebrauch von seinem Hausrecht: »Im Hinblick auf zu erwartenden ›Protest‹ aus der ›Nachbarschaft‹ könne die Sicherheit von Künstlerin und Publikum nicht mehr garantiert werden.«[84] Später stellte sich heraus, dass es keinerlei Drohungen gegeben hatte. Das Festival wurde für die Ausladung in zahlreichen Medien heftig kritisiert, prominent und besonders energisch durch den Schriftsteller Navid Kermani in der *ZEIT*. Aber anders als von Kermani und anderen unterstellt, war das Problem der Veranstalter:innen nicht ein Übermaß an politischer Korrektheit, sondern schlichte Unprofessionalität. Die angebliche Bedrohung durch eine linksradikale

Cancel Culture hatte sich nur im verwirrten Kopf der Veranstalter:innen abgespielt. Kurz nach dem abgesagten Hamburger Auftritt konnte Lisa Eckhart völlig stressfrei in der Berliner Bar jeder Vernunft auftreten. Die schlecht informierte Aufregung um die frei erfundenen Bedrohungen tat der Karriere der Kabarettistin keinen Abbruch, im Gegenteil. Die Selbstpositionierung als Opfer und Gegner:in einer angeblich übermächtigen politischen Korrektheit ist in Teilen der Unterhaltungsbranche zum erfolgreichen Geschäftsmodell geworden. Mit der Klage darüber, dieses und jenes lasse sich unter dem Diktat der Cancel Culture nicht mehr aussprechen, wird viel Sendezeit gefüllt: Fernseherprobte, also im Zweifel eher quotentaugliche Kabarettist:innen verdienen ihre Gage mit der Mitteilung, dass sie nichts mehr sagen dürfen, ohne dass sich jemand an diesem performativen Selbstwiderspruch stört. Zum Kontrast: Als ebenfalls 2020 angetrunkene Rechtsradikale die Vorstellung des Dresdner Kabaretts »Herkuleskeule« stören, lautstark pöbeln, die Schauspieler:innen beschimpfen und Gläser nach ihnen werfen, war das überregionalen Medien keine Meldung wert.

»Linksgrünes Schmierentheater«

Die rechten Übergriffe richten sich gegen Kultureinrichtungen und Künstler:innen aller Genres. Es fällt aber auf, dass Theater zu den bevorzugten Angriffszielen zählen. Im thüringischen Altenburg ruft die lokale AfD zum Boykott des Stadttheaters auf, das die NS-Vergangenheit der Stadt auf der Bühne thematisiert hatte. Die Intendantin des postmigrantischen Berliner Maxim Gorki Theaters erhält Morddrohungen. In Aachen droht ein AfD-Sprecher mit juristischen Schritten gegen eine Schülertheatergruppe, die auf der Bühne Parallelen zwischen Islamisten und Rechtsextremisten thematisiert hatte und beschimpft den Regisseur für die »hetzerische, beleidigende und verleumderische Aussage« der Inszenierung.[85] Solche Manöver sind zwar abstoßend, aber aus Sicht von Rechtsextremen nicht ohne Logik. Aber weshalb fordert die AfD in Dresden Etatkürzungen für modernes Tanztheater? Weshalb bringen Mitglieder der Identitären Bewegung am Hamburger Thalia Theater Plakate mit Abbildungen der Opfer von Terroranschlägen an, und weshalb ausgerechnet während der Lessingtage? Weshalb macht sich in Halle ein AfD-Stadtrat lächerlich, indem er fordert, die Druckkosten der Opernzeitung um 4.000 € zu kürzen und das Geld stattdessen zur Tierseuchenbekämpfung »im Bereich der Katzenkastration« zu investieren? Und weshalb fordert in Memmingen die lokale AfD, das Stadttheater solle stärker »die Interessen des konservativen Bürgertums bedienen«?[86] Es wirkt, als seien nicht nur die Inhalte des politischen Theaters den Rechten suspekt, sondern das Theater an sich.

Ein nicht ganz unwichtiges Element des Theaters ist der Dialog: Verschiedene Haltungen, konträre Überzeugungen, Wünsche, Weltbilder treffen aufeinander. Das Theater als Medium bürgerlicher Öffentlichkeit (oder, mit einer Formulierung von Heiner Müller: als »Laboratorium sozialer Phantasie«) kann Konflikte, Hoffnungen, Träume und Alpträume durchspielen, eskalieren lassen und aus unterschiedlichen Perspektiven betrachten, ohne dass dabei eine Position zwangsläufig die Deutungshoheit, ein Monopol auf die einzig zulässige Haltung besitzt. Das muss nicht unbedingt in Form von Thesenstück-Didaktik oder übersichtlichen Brecht-Parabeln geschehen. Schon länger ist es »für gegenwartsoffene Theaterleute immer weniger überzeugend, dass sich politische und gesellschaftliche Fragen als Konflikt zwischen handlungsfähigen Figuren darstellen ließen«, beobachtet zum Beispiel der Theaterkritiker Franz Wille.[87] Mit den komplizierter werdenden gesellschaftlichen Konfliktlagen wie mit den Spielen von Pop- und Postmoderne und der auch nicht mehr ganz neuen Postdramatik wurden die Darstellungsmittel des Theaters raffinierter.

Theater erlaubt den Perspektivwechsel: Es gibt mehr als eine Wahrheit oder zumindest mehr als eine Sicht der Dinge. In der Antike zeigt der Grieche Aischylos in seiner Tragödie *Die Perser* den Sieg der Griechen über die Perser – und er zeigt ihn in der Wahrnehmung des besiegten Feindes. Mit diesem Perspektivwechsel beginnt vor 2.500 Jahren das politische Theater in Europa. Das Spiel mit dem Perspektivenreichtum, die raffinierten Wechsel der Sichtweisen und Blickwinkel unterscheiden das Theater zum Beispiel von Rechtsrock-Konzerten oder einer religiösen Fatwa gegen Ungläubige.

Eine klassische Definition der antiken Tragödie betont, »dass innerhalb solcher Kollisionen beide Seiten des Gegensatzes für sich genommen Berechtigung haben«.[88] Das anzuerkennen, ist eine Voraussetzung der Demokratie, der Debatte von Interessensgegensätzen, des Aushandelns von Kompromissen. Wenn es gut läuft, trägt das zur Vermeidung realer Tragödien und der Selbstaufklärung der Gesellschaft über ihre ungelösten Probleme bei. Fair ausgetragene »Meinungsverschiedenheiten brachten unterschiedliche Perspektiven, Wissen und Information unterschiedlicher Art ins Spiel« argumentiert Jan-Werner Müller am Beispiel der demokratischen Debattenkultur in der antiken griechischen Polis: »Dass die Polis heftigen inneren Wettstreit erlaubte, trug zur bemerkenswerten Innovationsfähigkeit des Gemeinwesens bei.«[89]

Als Ort der bürgerlichen Öffentlichkeit steht das Theater in deutlichem Kontrast zu rechtsradikalen Ideologien, die das Verhandeln gesellschaftlicher Konflikte durch völkischen Gemeinschaftsnebel, Konstruktionen der Ungleichwertigkeit und Feindbildmarkierungen ersetzen. Dass die eingangs erwähnte Bombenattrappe in Jena ausgerechnet vor dem Theater abgelegt wurde, widerspricht der in Bühnenkreisen verbreiteten Befürchtung des eigenen Relevanzverlusts. Die Hakenkreuzliebhaber haben das Theaterhaus Jena gezielt, nicht zufällig als ihr Hassobjekt adressiert. Etwas zynisch könnte man dem Theater das Kompliment machen, dass es sich die Feindschaft der Nazis mit seiner offenbar vorbildlichen Arbeit redlich erworben hat.

Natürlich sind Theater und andere Künste mehr als lediglich Plattformen gesellschaftlicher Debatten und Konfliktlagen. Deshalb ist eine Instrumentalisierung der Kunst, die sie für alle möglichen hehren Anliegen beansprucht, übergriffig und in der Pauschalisierung etwas naiv. Typisch dafür sind Formulierungen wie: »Kulturorganisationen halten in Demokratien der Politik und Gesellschaft mit ihren spezifischen Ausdrucksformen seit jeher den Spiegel vor«[90], künstlerische Angebote seien »Sand im oft geräuschlosen Getriebe einer an der Oberfläche ordentlich funktionierenden Gesellschaft«, ihre Aufgabe sei es, »allzu selbstverständlich Unterstelltes in Zweifel zu ziehen«[91]. Solche Textbausteine verkleinern und trivialisieren Kunst zur gehobenen Demokratie-Volkshochschule und übersehen Kleinigkeiten wie die Kunstautonomie seit der Moderne. Auch genügt ein kurzer Blick in die jüngere Geschichte, um die Anfälligkeit von Künstler:innen für ideologische Verwirrungen oder blanken Opportunismus zu illustrieren. Die zahlreichen Beispiele politisch desorientierter Literat:innen füllen Bücher.[92] Im Nationalsozialismus herrschte im gleichgeschalteten Kulturbetrieb kein Personalmangel. Große Teile der nicht emigrierten Kulturprominenz, von Heinz Rühmann bis zu Gustaf Gründgens oder den Berliner Philharmonikern, arrangierten sich mehr oder weniger glänzend mit dem NS-Regime. Viele der prominenten ebenso wie der weniger bekannten Künstler:innen dienten sich ihm offensiv an.[93]

Kunst ist kein Mittel zum Diskurszweck, zumindest wenn sie mehr sein will als Agitprop-Beschallung. Theater kann ein Raum der Grenzüberschreitung sein wie früher bei Christoph Schlingensief oder heute in den Spektakeln von Florentina Holzinger oder den Exzessexerzitien von Vegard Vinge und Ida Müller. Theater lässt sich als Selbstermächtigungsbühne nutzen wie im Berliner Maxim Gorki Theater, es besichtigt bei Ibsen oder Strindberg die Patholgien bürgerlicher Intimbeziehungen und wird bei Christoph Marthaler zum Wartesaal verlorener Existenzen. Es kann eine Folterkammer sein wie bei Beckett oder Artaud, eine Erkundung des Machtmissbrauchs und der Fallen im Geschlechterverhältnis wie in Anne Lenks Klassikerinszenierungen, eine Party für virtuosen Quatsch wie in Herbert Fritschs dadaistischen Vaudevilles oder in

Barrie Koskys Operetten – oder alles zusammen in verwirrenden Mischverhältnissen wie bei Frank Castorfs Reisen ans Ende der Nacht. Nichts davon passt zu den kulturpolitischen Forderungen der AfD und diffusen Vorstellungen einer Kultur der völkischen Selbstfeier. Selbst harmloses Pop-Entertainment kann für allergische Reaktionen der rechten Theaterfeinde sorgen. Deutlich wurde das zum Beispiel, als Rechtsextreme in Halberstadt jugendliche Schauspieler:innen verprügelten, die bei einer Open-Air-Aufführung der eigentlich komplett unpolitischen, aber ziemlich queeren (also vielleicht doch politischen) *Rocky Horror Picture Show* aufgetreten waren[95]: Was bunt ist, stört. Sehr viel systematischer setzen seit 2021 norwegische Rechtsextremist:innen die deutsch-norwegischen Performancekünstler:innen Ida Müller und Vegard Vinge mit gezielten Internet- und Medienkampagnen unter Druck: Radikale Kunst wird als Feindbild markiert, weil sie sich gut als Feindbild nutzen lässt.

Die Vielfalt einer pluralistischen Gesellschaft zeigt sich im Kunstgeschehen auf den unterschiedlichsten Geschmacks- und Lautstärkelevels: Ballermann-Schlager und 12-Ton-Musik, Jonathan Meese und Johann Sebastian Bach, Danger Dan und Botho Strauß, Sibylle Berg und Roland Kaiser, Wagner-Opern, Free Jazz, Paul Celan und die Scorpions, die Berliner Philharmoniker, Helene Fischer, Deniz Ohde, DJ Hell, Aki Takase,

Til Schweiger, das Theater RambaZamba, Blasmusik, Sophie Rois, Helmut Lachenmann, die Puhdys, Hito Steyerl und Sido. Nicht alles davon ist jedermanns Sache, nicht in jedem dieser Kunstbiotope will man sich unbedingt länger aufhalten. In den Ausschlägen auf der Stilamplitude bildet sich die Vielfalt der Milieus, Lebensstile, kulturellen Prägungen, Geschmacksvorlieben und das mehr oder weniger verfeinerte ästhetische Sensorium der Endverbraucher:innen ab. Um es mit den Worten eines alten Punkschlagers zu sagen: Alles so schön bunt hier. Wer diese Vielfalt nicht erträgt, allergische Reaktionen dagegen kultiviert und Teile des erfreulich unübersichtlichen Kunstgeschehens mit Bombendrohungen oder Aufmärschen vor einer Galerie für Moderne Kunst zum Schweigen bringen will, demonstriert die eigene Überforderung angesichts des Lebensstil-Pluralismus der Moderne.

Die rechte Aggression gegen die Kunstfreiheit richtet sich gegen dieses »Alles so schön bunt hier«, also gegen den Pluralismus an sich, gegen die Vielfalt nicht nur des Kunstgeschehens, sondern der Gesellschaft. »Rechtsextremisten lehnen die pluralistische Gesellschaft als solche ab. Kultureinrichtungen sind ein Teil dieser pluralistischen Gesellschaft und Bühnen ihrer Diversität«, diagnostiziert Wilhelm Heitmeyer.[96] In einer pluralistischen Gesellschaft hat jeder künstlerische Ausdrucksversuch Platz, wenn die Künstler:innen sich diesen Raum schaffen und ihr Publikum finden. Nicht alle künstlerischen Bemühungen müssen allen gefallen. Jazzliebhaber können Scooter-Konzerte weiträumig meiden (und Scooter-Fans um Jazzkonzerte einen Bogen machen), und über die armen Irren staunen, die sich das antun. Die rechten Feinde der Kunstfreiheit machen das Gegenteil: Sie suchen ihre Hassobjekte gezielt auf und widmen ihnen mit einigem Aufwand ihre aggressive Aufmerksamkeit. Die Neue Rechte erhebt mit ihren Übergriffen mehr oder weniger offen den Anspruch, den Bühnen der Kultur und mit ihnen der Gesellschaft ihre Diversität auszutreiben und sie zu einem »Bekenntnis zur deutschen Nationalkultur« (was immer das sein soll) zu zwingen.

Borderliner

Akademisch gebildete AfD-Politiker:innen wie Marc Jongen, kulturell interessierte Rechtsextremisten wie der Kleinverleger und »Milieu-Intellektuelle«[97] Götz Kubitschek oder die mit ihm befreundete konservative Buchhändlerin Susanne Dagen bemühen sich um die Anschlussfähigkeit der Neuen Rechten an eine »rohe Bürgerlichkeit«[98]. Als Verbindungselement können dabei Kunst und Literatur dienen.

Die oben erwähnten, vielleicht etwas übergriffigen Versuche, Künstler:innen als Demokratiebotschafter:innen in Anspruch zu nehmen, übersehen, dass kleine und große Künstlerpersönlichkeiten nicht aufgrund von Berufswahl und Talent automatisch vor politischer Unzurechnungsfähigkeit oder irrlichternden Einstellungen gefeit sind. In jüngerer Zeit demonstrierten beispielsweise Schauspieler:innen, die sich zu Propagandist:innen der Coronaleugner:innen machten, oder ein Teilnehmer der documenta 2022, der den Bundeskanzler als »faschistisches Schwein« beschimpfte,[99] lautstark ihre selbstbewusste Verwirrung.

Prominente Schriftsteller wie Botho Strauß oder Uwe Tellkamp machen aus ihrer Aversion gegen die liberale Demokratie keinen Hehl. Strauß träumte in seinen gereizten, aggressiven Zeitdiagnosen schon vor drei Jahrzehnten davon, »dass ein Volk sein Sittengesetz gegen andere behaupten will« und orakelte vom Endkampf gegen die Moderne: »Zwischen den Kräften des Hergebrachten und denen des ständigen Fortbringens, Abservierens und Auslöschens wird es Krieg geben.«[100] Es ist kein Missverständnis, wenn Kubitschek den Dichter wegen solcher Äußerungen als »Lehrer« feiert. Strauß' Skandalessay *Anschwellender Bocksgesang* von 1993 mit seinen martialischen Endzeit- und Kulturkampfszenarien ist für Kubitschek nicht weniger als ein »Fanfarenstoß«, ein »Code-Text für die deutsche intellektuelle Rechte«, der »Grundpfeiler unserer Selbstvergewisserung«, einer der »mythischen Texte der Neuen Rechten«[101]. Das mag eine anmaßende Inanspruchnahme sein, aber es beschreibt die Funktion, die dieser Essay in den Debatten der an solcher Theorieaufrüstung interessierten Akteur:innen der Neuen Rechten in den neunziger Jahren hatte, und die Wirkung, die er in diesem Milieu seitdem entfalten konnte.

Strauß weist die Unterstellung von irgendeiner Form geistiger Nähe und die »auch nur entfernte Verbindung zu Antisemitismus und neunazistischen Schandtaten« energisch, empört und unmissverständlich zurück.[102] Aber bei aller Abscheu des Dichters gegenüber einem vulgären Rechtsradikalismus und erst recht gegenüber den Massenverbrechen des Nationalsozialismus, klingt in seinen zeitkritischen Bemerkungen immer wieder eine Nähe zu Elementen neurechter Ideologie oder blankes Ressentiment an, etwa wenn er in einer bemerkenswert menschenverachtenden Wortwahl die »Flutung des Landes mit Fremden« beklagt. Er fürchtet 2015 in einem wirren Gastbeitrag für den *Spiegel*, dass die Migration »eine Mehrzahl solcher bringt, die ihr Fremdsein auf Dauer bewahren und beschützen«[103]. Mit der unterstellten Integrationsverweigerung würden die »Fremden« genau das tun, was die Deutschen zum Bedauern von Strauß seiner Meinung nach verlernt haben, nämlich ihre kulturelle Identität, oder mit seinem archaischen Vokabular ihr »Sittengesetz«, zu verteidigen. Wie soll man dieses Denken nennen, wenn nicht völkisch, oder etwas freundlicher tribalistisch? Ähnlich wie die Anhänger rechtsradikaler Verschwörungstheorien vom »Großen Austausch« scheint Strauß als tieferen Zweck der Fluchtbewegungen die Zerstörung der deutschen Nation zu vermuten: »Dank der Einwanderung der Entwurzelten wird endlich Schluss sein mit der Nation und einschließlich einer Nationalliteratur« formuliert er in holprigem Deutsch. Für aggressive Xenophobie will der Dichter nicht etwa Rassismus und entsicherten Nationalismus, sondern die liberale Demokratie verantwortlich machen, deren Defizit in seinen Augen offenbar darin besteht, nicht hinreichend zur Sinnstiftung beizutragen: »Der Hass Radikaler richtet sich wohl vordergründig gegen die Flüchtlinge – er ist vor allem eine unkontrollierte Reaktion auf das Vakuumempfinden, das ›die Politik‹, wie man heute sagt, der Bevölkerung zumutet.« Darauf muss man erst mal kommen: fremdenfeindliche Gewalttaten als eine Art Übersprungshandlung, deren Wut sich eigentlich gegen das »Vakuumempfinden« richtet, das der demokratische Rechtsstaat angeblich auslöst. Noch bizarrer wird es, wenn der bekennende Reaktionär gegen den Werterelativismus der Moderne Zuflucht bei der naiven Idealisierung einer Klerikaldiktatur sucht und seine Demokratieskepsis mit dem alten Motiv einer Verachtung der Massen verbindet: »In islamisch theokratischen Ländern wie Iran sind es wenige (Gelehrte), die den meisten, den Massen, Weisung geben. Bei uns bestimmen Massen und Medien das Niveau der politischen Repräsentanten, die allesamt Ungelehrte in jeder

Richtung sind.«[104] Das ist wohl als Vorwurf gemeint und soll offenbar ein Defizit der Demokratie gegenüber der Herrschaft religiöser Führer beschreiben. Demokratieverachtung kann seltsame Blüten treiben.

Botho Strauß muss sich den Vorwurf gefallen lassen, er habe sich »zu einem politischen Existenzialismus verführen lassen, der rechte Denkmuster veredelt und salonfähig macht«[105]. Die Spuren, die die seit Jahrzehnten anhaltende Faszination für reaktionäre Ideologien in seinem Denken hinterlassen hat, beschreibt der Dichter, ein sensibler Beobachter des eigenen Innenlebens, selbst am besten: »Es gibt Ideen, von denen kein Denken heil zurückkehrt.«

Uwe Tellkamp zeigt seine Nähe zur Neuen Rechten direkter, nicht wie bei Botho Strauß über den Umweg einer reaktionären, etwas überspannten Zivilisationskritik, sondern unmittelbar politisch, beispielsweise wenn er vor einer linksliberalen »Gesinnungsdiktatur« in der Bundesrepublik warnt. Dass Tellkamp oft und gerne im Buchhaus Loschwitz der mit Kubitschek befreundeten Buchhändlerin Dagen auftritt und ihrer Buchreihe einen Text überlassen hat[106], kann man als Statement verstehen. Seine zu Recht skandalisierte Äußerung im Pegida-Sound, die meisten Geflüchteten »fliehen nicht vor Krieg und Verfolgung, sondern kommen her, um in die Sozialsysteme einzuwandern, über 95 Prozent«[107], hat er zurückgenommen, ohne dabei seine prinzipielle Kritik an der Flüchtlingspolitik der Bundesregierung zu revidieren. AfD und Pegida, die rechtpopulistische Bewegung ohne Kontaktscheu gegenüber Rechtsextremen, verteidigt Tellkamp ausdrücklich. Auch wenn ihm »viele Formen des Protests nicht genehm sind«, findet er »ihre Inhalte diskutabel«, was etwas vornehmer klingt als akzeptabel, aber das gleiche meint. Tellkamp versteigt sich nicht zur Paranoia der Verschwörungserzählung vom »Großen Austausch«, aber die Vorstellung, Deutsche seien eine von finsteren Multikulti-Mächten in ihrer Identität bedrohte Opfergruppe, bemüht er dennoch: »Ich hätte gerne unter Beachtung und Achtung anderer Kulturen meine erhalten. Ich muss mich rechtfertigen dafür, dass ich Deutscher bin, dass ich es wage, mich auf Goethe zu beziehen.«[108] Man wüsste gerne, wem gegenüber er seine Goethe-Lektüre verteidigen muss. Ist es die bundesrepublikanische »Gesinnungsdiktatur«, die amerikanische Popkultur oder sind es Geflüchtete aus Syrien?

Es geht natürlich auch sehr viel plumper und vulgärer. Der Webetexter und Schriftsteller Thor Kunkel war in seinen lustigeren Zeiten ein Autor greller Popliteratur, eines reißerischen Nazi-Porno-Trash-Romans und schillernder Pulp Fiction, Bücher, die immerhin in Verlagen wie Rowohlt oder Matthes & Seitz erschienen sind. 2017 war er sich nicht zu schade, der AfD als Werbetexter für ihre Wahlplakate behilflich zu sein, nicht aus Geldnot und diskret, sondern aus Überzeugung und ganz offen.[109] Die Nähe zur AfD hinderte den Filmregisseur

Oskar Roehler nicht daran, Kunkels Roman *Subs* als überdrehte Groteske deutscher Herrenmenschen zu verfilmen, die in ihrer Villa einen Sklaven als Butler halten und sich damit prächtig fühlen (»HERRliche Zeiten«). So viel zur bundesrepublikanischen »Gesinnungsdiktatur« und der Vorstellung eines von (je nach Perspektive wohl- oder übelmeinenden) Linksliberalen dominierten Kulturbetriebs.

Auch Künstler:innen mit befremdlichen, wirren oder schwer erträglichen politischen Ansichten können natürlich große Kunst schaffen, von Céline bis Houellebecq, von Gottfried Benn bis zu Botho Strauß. Nicht ihre literarischen Werke, sondern ihre außerliterarischen Kommentare zum Zeitgeschehen machen die zitierten Schriftsteller problematisch und zu Weggefährten rechter Normalitätsverschiebungen.

8 GEGENWEHR: DIE VIELEN

Als Antwort auf zahlreiche Übergriffe, Morddrohungen, die Störung von Theatervorstellungen, Anwürfe aus der AfD und andere Anfeindungen organisierten Akteur:innen aus dem Kulturbetrieb eine Gegeninitiative. Im November 2018 schlossen sich Vertreter:innen von 140 Kultureinrichtungen, Theatern, Opern, Museen, Verbänden unter dem Namen »Die Vielen« zu einem Solidaritätspakt zusammen. »Wer jetzt einen von uns angreift, bekommt es mit allen 140 Unterzeichnern zu tun«, sagte Berndt Schmidt, der Intendant des Berliner Friedrichstadtpalasts, zur Gründung dieser Initiative. Sie war nicht nur ein Akt praktischer Solidarität, sondern eine Reaktion darauf, dass sich jeder Übergriff gegen *eine* Kunstinstitution immer auch gegen die Kunstfreiheit als solche und damit gegen *alle* Kultureinrichtungen richtet. »Die Vielen« organisierten Demonstrationen, Tagungen und Diskussionen und begleiteten damit auch den Lernprozess der Kulturinstitutionen im Umgang mit der rechten Aggression. Mit Hilfe der »Vielen« konnten sich zahlreiche Theater, Museen, Opernhäuser, Bibliotheken, Kulturzentren und Einzelpersonen gegenüber der Neuen

Rechten unmissverständlich positionieren. Der Initiative haben sich über 4.000 Kultureinrichtungen und Künstler:innen aller Genres angeschlossen, darunter viele der großen Kulturinstitutionen des Landes. Im November 2022 löste sich der Berliner Trägerverein der »Vielen« auf, in aller Freundschaft der Beteiligten. Das dezentrale Netzwerk der 30 regionalen Gruppen und Koordinationskreise bleibt weiter aktiv. Ein Grund für die Selbstauflösung des Trägervereins, der vor allem organisatorische Funktionen übernommen hatte, war, dass »Die Vielen« nicht zur NGO werden sollten, die dem Kulturbetrieb die Auseinandersetzung mit der Neuen Rechten abnimmt. Zivilgesellschaftliches Engagement braucht Strukturen, aber es lässt sich nicht an eine NGO als Demokratie-Dienstleister outsourcen. »Die Vielen sind wir alle«, schreibt der Berliner Trägerverein in seiner gewohnt kämpferischen Erklärung zur Selbstauflösung. Sie ist aus Sicht der Initiatoren der »Vielen« kein Grund zur Resignation, im Gegenteil: »Wir waren uns von Anfang an über die Halbwertzeiten von Bewegungen bewusst und sind der Meinung: Der Antifaschismus in der Kunst und Kultur lässt sich nicht delegieren – er bleibt unser aller Aufgabe und fordert jede:n. Gerade jetzt, wo wir uns so sehr an die Anwesenheit Rechtsextremer in Parlamenten gewöhnt haben.«[110]

Schon bei Gründung der »Vielen« erkannte Annemie Vanackere, die Intendantin des Berliner Theaters HAU

Hebbel am Ufer, im Vorgehen der Neuen Rechten eine »klare Strategie«. Das Vorbild dieser Strategie kannte Vanackere aus den Niederlanden, wo sie vor ihrem Wechsel nach Berlin bis 2011 die Rotterdamse Schouwburg geleitet hatte. Dort machten Rechtspopulist:innen schon damals die Theater gezielt zu ihrem Feindbild und sprachen ihnen die Legitimation ab, zumindest die ihrer öffentlichen Finanzierung. »Es beginnt immer mit der Sprache«, sagt Vanackere. »In Holland wurde so oft wiederholt, dass Theater nur ein ›linkes Hobby‹ sei, bis so ein Satz irgendwann als Normalität galt.«

Eine ähnliche Diagnose entwickelte bei der Gründung der »Vielen« Marc Grandmontagne, der damalige Geschäftsführende Direktor des Deutschen Bühnenvereins: »Die neuen Rechten betrachten Kultur nicht nur als Konfliktfeld, sie verstehen sich selbst explizit als kulturelle Bewegung.« Ihr Ziel seien »kollektive Identitätsgemeinschaften«. In den rechten Interventionen gegen bestimmte Aufführungen erkannte Grandmontagne den »Versuch, ein Klima der Angst zu schaffen«[111].

Aber wie sehen die Gegenstrategien aus? Wenn die rechte Aggression immer die offene Gesellschaft als Ganzes meint, ist es sinnvoll, dass sich Kultureinrichtungen mit möglichst vielen zivilgesellschaftlichen Akteur:innen austauschen und vernetzen. Deshalb haben sich »Die Vielen« auch so genannt: Die Mehrheit sind nicht die Nazis und die AfD-Wähler:innen, sondern ihre Gegner:innen. Sie sind zwar in vielerlei Hinsicht ganz unterschiedlich, aber sie verbindet, dass sie auf Hakenkreuz-Fetischist:innen, enthemmte Rechtspopulist:innen mit oder ohne Dackelkrawatte, völkische Homogenitätsphantasmen und Ideologien der Ungleichwertigkeit gut verzichten können. Schon das deutlich zu artikulieren, arbeitet gegen rechte Versuche, Normalitätsstandards zu verschieben. Ein schönes Beispiel dafür liefert der Fall des Berliner Revuetheaters Friedrichstadtpalast, in dem 2017 nach einer Bombendrohung das Publikum 40 Minuten vor dem Theater warten musste, bis die Polizei den Saal nach Sprengstoff durchsucht hatte. Dem Intendanten war das sehr unangenehm. Bevor die Vorstellung nach der erzwungenen Unterbrechung fortgesetzt werden konnte, entschuldigte er sich bei den Zuschauer:innen und nannte als vermutlichen Auslöser der Bombendrohung seine klare Abgrenzung gegenüber Rechtsextremisten. Die Antwort der knapp 2.000 Vorstellungsbesucher:innen dieses in seinem Bühnenprogramm komplett unpolitischen Unterhaltungstheaters: minutenlanger Beifall für den Intendanten. Nehmt das, rechte Nervensägen.

Viele Theater gehen das Problem offensiv an und reagieren mit ihren Aufführungen darauf. Sehr elegant ist das zum Beispiel dem Staatstheater Mainz gelungen. Nachdem das Ensemble 2015 eine rechte Demonstration vor dem Theater mit dem laut geschmetterten Schlusschor aus Beethovens Neunter Sinfonie übertönt hatte, wurde das Theater mit Hassmails eingedeckt. Der Hausregisseur K. D. Schmidt verwendete die Beleidigungen als Textgrundlage für einen dokumentarischen Theaterabend. »Das muss man nicht kommentieren, diese Texte kommentieren sich selbst«, sagt der Regisseur. Es genügt, sie zu zitieren, um die Geisteshaltung in all ihrer Beschränktheit zu zeigen. Am Berliner Maxim Gorki Theater oder an der Schaubühne zum Beispiel zeigen Regisseur:innen wie Falk Richter oder Oliver Frljic mit ihren wütenden Inszenierungen den Rechtsextremisten von der Bühne herab den Stinkefinger und machen sich über völkische Wahnideen und ihre Lautsprecher:innen aus der AfD lustig. Die Reaktionen aus der AfD sind nicht überraschend. AfD-Politiker:innen sind ohne Erfolg juristisch gegen Falk Richters Schaubühnen-Inszenierung *Fear* vorgegangen. Marc Jongen aus der AfD-Bundestagsfraktion twitterte seine Empörung: »Und wieder wird von einer deutschen Bühne herab gegen die AfD gehetzt.« Ein AfD-Abgeordneter klagte im Kulturausschuss des Berliner Abgeordnetenhauses, im Gorki Theater finde »Kulturkampf und Gesinnungstheater« statt. Das ist, auf beiden Seiten, mittlerweile Routine.

Komplizierter als auf den Hauptstadtbühnen ist die Auseinandersetzung mit der Neuen Rechten außerhalb der großen Städte. Deshalb lohnt sich der Besuch in Rudolstadt in Thüringen – historische Altbauten zwischen grünen Hügeln. Nur dank eingemeindeter Nachbarorte kommt die Kleinstadt auf 24.000 Einwohner:innen. Atmosphärisch ist sie sehr weit weg von den Berliner oder Hamburger Szenevierteln, politisch ebenfalls. Die AfD hat hier eine stabile Stammwählerschaft. Bei der Bundestagswahl 2021 konnte ihr Kandidat mit einem knappen Drittel der Erststimmen ein Direktmandat gewinnen.

Rudolstadt »ist eine mehrheitlich konservative Stadt«, sagt Steffen Mensching. Der Regisseur und Schauspieler ist seit 2008 Intendant des Theaters in Rudolstadt. Angesichts der hohen Wahlergebnisse der AfD in der Stadt, in der er ausgesprochen gerne lebt und arbeitet, kommt er ins Grübeln: »Natürlich sind nicht alle AfD-Wähler Nazis. Trotzdem bin ich über das Ergebnis der Bundestagswahl erschrocken. Ist das reiner Protest, Enttäuschung, harter Rechtsradikalismus? Aversion gegen das demokratische System?« Vielleicht alles zusammen. Der Theatermacher kann diese Gemengelage und die Stimmung in der Kleinstadt nicht von seiner Arbeit trennen: »Klar, man hat geglaubt, dass man hier vor Ort mit dem Theater gegensteuert gegen solche populistischen, teilweise rassistischen Anschauungen. Trotzdem ist es eine Realität, der man sich stellen muss.« Wer verstehen will, wie Theaterleute und andere Kulturengagierte in Regionen mit einer starken Neuen Rechten und erheblicher AfD-Wählerschaft arbeiten, wie sie es schaffen, weder zu resignieren noch verbittert zu werden, ist bei Mensching an der richtigen Adresse. »Man muss versuchen, die Leute da zu packen, wo sie noch zu erreichen sind«, findet der Intendant. »Überzeugte Rassisten, Leute, die Verschwörungstheorien anhängen, wird man nicht mit Kultur, mit Dichtung, mit Poesie überzeugen. Es geht um den Kampf um die Indifferenten, die aus anderen Gründen diese Partei wählen, vielleicht aus Unkenntnis, vielleicht aus falscher Hoffnung.«

Mensching macht mit seinen Leuten bodenständiges Stadttheater. Und das bedeutet für ihn: Theater für seine Stadt, wenn möglich für die ganze Stadt, also auch für den Teil der Einwohner:innen, die eine Partei wählen, die so etwa für das Gegenteil von allem steht, was Mensching gut und richtig findet. »Unser wichtigster Verbündeter ist unser Publikum«, sagt der Theater-Überzeugungstäter. Das ist eine kluge Überlebensstrategie und vermutlich der beste Schutz gegen rechte Übergriffe. Und es ist wahrscheinlich der Grund, weshalb Steffen Mensching immer noch gerne Theater in seiner Kleinstadt macht.

Wenn die AfD in der Stadt mehr als ein Viertel der Stimmen erhält, ist es nicht erstaunlich, dass auch Theatermitarbeiter:innen unter ihren Wähler:innen sind. Eine Verwaltungsmitarbeiterin in der Intendanz ist bei den internen Diskussionen darüber, wie das Theater auf die extreme Rechte reagieren soll, immer still geblieben. Irgendwann hat sie gekündigt, um zu einem neuen Arbeitgeber zu wechseln: der AfD-Fraktion im Thüringer

Landtag. »Klar ist man da erstaunt, dass man sehr oft miteinander Kontakt hatte, aber bestimmte Dinge nicht offen ausgesprochen werden«, seufzt Mensching. Als Theatermann weiß er, dass es auf die Zwischentöne ankommt, erst recht, wenn die Neue Rechte die Welt am liebsten in Freund und Feind sortieren will. Mensching glaubt ganz altmodisch an die Kraft des Theaters. Und er glaubt an den Dialog – im Theater, mit dem Publikum und in der Gesellschaft: »Ich kann bei ›Romeo und Julia‹ mit dem Clash der beiden Gruppen genauso Intoleranz zeigen wie mit einem dezidiert politischen Stück. Wir müssen die Leute mit solchen Geschichten erreichen, sie respektvoll behandeln und nicht versuchen, sie zu agitieren oder zu missionieren. Das bringt, glaube ich, gar nichts. Das Wichtigste ist, dass man versucht, die Breite der Gesellschaft überhaupt ins Theater zu bringen.« Das hat nichts mit Anpassung zu tun. Menschings politische Haltung ist eindeutig. Bei Demonstrationen des Pegida-Ablegers Thugida, bei Aufmärschen von NPD-Anhängern und Skinheads hängt das Theater ein großes Transparent an die Fassade: »Kein Platz für Nazis.«

Im November 2022 zeigt das Theater eine Dramatisierung des Romans *Herscht 07769* des ungarischen Schriftstellers László Krasznahorkai. Es ist eine Tiefenbohrung in die kollektive Verunsicherung einer thüringischen Kleinstadt, in der eine saufende Männerclique aus Abgehängten und Nazis vom »4. Reich« träumt und selbst vor Morden und Brandstiftung nicht zurückschreckt. Dass auf der Bühne eine Schauspielerin ruft, hier seien alles Nazis, »auch die, die nicht wissen, dass sie Nazis sind«, darf man durchaus als wütendes Statement verstehen, nicht nur als Gefühlsausbruch einer Theaterfigur. Die Rechten außerhalb der Bühne reagieren auf ihre Weise auf die Inszenierung. Kurz vor der Premiere wird im Bürogebäude des Theaters eine Scheibe eingeworfen. Als der aus Chile stammende Regisseur eine Woche vor der Premiere abends mit einer Mitarbeiterin aus einem Restaurant kommt, rufen ihm Unbekannte auf offener Straße hinterher: »Verschwinde von hier! Wir wissen, wo du wohnst.« Bei der Premiere sind sicherheitshalber zwei Polizisten im Theater. Auch das ist deutsche Normalität. Die Premiere ist ausverkauft. Der konservative Bürgermeister der Kleinstadt ist gekommen – das ist als klares Statement zu verstehen. Der Beifall nach der gut dreistündigen Aufführung ist bei der Premiere sehr lang, laut und entschieden. Er gilt offenkundig nicht nur der künstlerischen Leistung, sondern der Haltung des Theaters im Nahkampf gegen die Feinde der Demokratie.

Dass die Versuche, nicht nur in den Berliner »Wohlfühlvierteln« (um es mit den Worten von Jan Gorkow zu sagen, dem Frontmann der Band *Feine Sahne Fischfilet*) mit Kultur dagegen zu halten, sondern an Orten, an denen die harte Rechte erfolgreich an ihrer kulturellen Hegemonie arbeitet, besonders schwierig sind, wissen auch Musiker: »Nazis raus, ruft es sich leichter, da wo es keine Nazis gibt,« singt die Chemnitzer Band *Kraftklub* in ihrem Stück »Wittenberg ist nicht Paris«. Das Festival »Jamel rockt den Förster« ruft »Nazis raus« in einem mecklenburgischen Dorf mit hoher Nazidichte. Einmal im Jahr gibt es in Jamel drei Tage lang jede Menge FCKNZS-Shirts und laute Mutmach-Musik »für eine grenzenlose Welt« (noch mal *Feine Sahne Fischfilet*). Kleiner Gruß an die völkischen Siedler von nebenan: Das ist nicht euer Land. Horst und Birgit Lohmeyer, die das Festival auf die Beine gestellt haben und in Jamel leben, wurde 2015 die Scheune angezündet. Besucher:innen des Konzerts wurden die Autoreifen durchstochen – soweit die Antwort der Nazis auf die Konzerte. Nach dem Brand der Scheune wurde das Antifa-Ausrufezeichen-Festival noch wichtiger, noch größer und großartiger. Ein anderes Manifest war das kostenlose Konzert, mit dem Rock- und Rap-Musiker:innen am 3. September 2018 in Chemnitz auf die Menschenjagden nach einer rechtsextremen Demonstration in der Stadt geantwortet haben: »Wir sind mehr«. Mitinitiiert hat die Mischung aus Konzert und Demonstration die Band *Kraftklub*. Ihr Sänger Felix Brummer bedankte sich bei den Demonstrant:innen mit einer prägnanten Ansage von zeitloser Schönheit: »Gegen Fremdenfeindlichkeit, Rassismus, Faschismus, Homophobie und die verfickte AfD.«

November 2016, Chemnitz

Sprengstoffanschlag auf das Kulturzentrum Lokomov. Eine Schaufensterscheibe und Teile des Fensterrahmens werden zerstört. Es befinden sich mehrere Personen im Gebäude. Das Kulturzentrum hatte sich im gleichen Monat an dem Theaterfestival »Unentdeckte Nachbarn« beteiligt, das den NSU und die rechte Szene in Sachsen thematisierte. Der Anschlag setzt eine Reihe von Übergriffen auf das Kulturzentrum fort, bei denen Scheiben eingeschmissen, die Fassade mit Farbbeuteln beworfen und Pflastersteine durch das Fenster geworfen werden. Die Polizei geht bei dem Sprengstoffanschlag von politisch motivierten Täter:innen aus, das Operative Abwehrzentrum zur Extremismusbekämpfung übernimmt die Ermittlungen. Im März 2017 wird die Schaufensterscheibe des Lokomov erneut beschädigt.[112]

Dezember 2016, Altenburg

Das Theater Altenburg macht die nationalsozialistische Vergangenheit der Stadt zum Thema. Ein Schauspieler aus Burkina Faso spielt die Titelrolle in der Inszenierung von *Der Hauptmann von Köpenick*. Auf einer Kundgebung des örtlichen Pegida-Ablegers »Bürgerforum« fordert ein Redner den Boykott des Theaters: »Und ich rufe alle, die gegen diese Politik sind, dazu auf, das Theater in Altenburg und das Lindenau-Museum zu boykottieren! Grenzt sie auf dieselbe Weise aus, wie sie es mit euch tun! Und zeigt ihnen, woher das Geld kommt, mit dem sie ihre Miete bezahlen!« Vier Schauspieler:innen und Sänger:innen des Theaters entschließen sich, ihre Verträge nicht zu verlängern, auch weil sie außerhalb des Theaters in ihrem Alltag rassistisch beleidigt werden. Einer der Künstler nennt diesen Alltagsrassismus als entscheidenden Grund für seine Kündigung.[113]

Dezember 2016/Januar 2017/Februar 2018, Berlin

Im Dezember 2016 wird die Schaufensterscheibe der Buchhandlung Leporello eingeworfen. Zwei Wochen zuvor hatte in der Buchhandlung eine Veranstaltung zum neuen Rechtsradikalismus stattgefunden. Im Januar 2017 wird der private Pkw des Buchhändlers vor dessen Wohnung angezündet, er brennt komplett aus. Ein Jahr später, im Februar 2018, wird auch das neue Auto des Buchhändlers, wieder vor seiner Wohnung, angezündet. Das LKA geht von einem politischen Hintergrund aus. Im gleichen Zeitraum verüben Rechtsradikale im gleichen Stadtteil mehrere Anschläge.[114]

2016–2020, Sachsen-Anhalt

Seit das Impuls-Festival, ein Konzertprogramm für Neue Musik, 2016 ein Jugendprojekt mit geflüchteten Syrern gezeigt hat, erhält der Intendant Hans Rotman Hassmails, teilweise unterschrieben von »Gruppe Horst Mahler«. Rotman ist Niederländer, ein Teil seiner Familie ist jüdisch. In Mails wird er als Ausländer und »Halbjude« beschimpft. Sein dienstlicher Mailaccount wird gehackt. 2018 polemisiert der AfD-Abgeordnete Daniel Rausch in einer Landtagsrede, dass beim Impuls-Festival »junge Leute von einem Intendanten politisch verführt werden«. Anfang 2020 erhält der Intendant an seine Berliner Privatadresse handgeschriebene Briefe mit antisemitischen Beleidigungen. Zwei der Briefe enthalten Patronen. 2020 fordert der AfD-Abgeordnete Tillschneider in einer Landtagsrede, dem Festival jede Förderung zu streichen, und beschimpft den Intendanten und die Musiker als »ein Lumpenproletariat an Möchtegern-Künstlern«, die »eine Kunst produzieren, für die sich niemand wirklich interessiert«. In ihrem Wahlprogramm fordert die AfD Sachsen-Anhalt, dem Impuls-Festival die Finanzierung zu entziehen und die Landesförderung für die Theater zu halbieren: »Eine Agitation gegen das eigene Volk muss nicht durch den Staat finanziert werden.«[115]

Februar 2017, Dresden

Bei der Einweihung eines Antikriegsdenkmals des syrisch-deutschen Künstlers Manaf Halbouni, drei hochkant gestellte Busse auf dem Neumarkt, protestieren Pegida-Anhänger:innen mit Trillerpfeifen und »Volksverräter«-Rufen. Ein Mann ruft: »Das ist unser neues Volk – Juden.« Die Demonstrant:innen brüllen Oberbürgermeister Dirk Hilbert bei seiner Eröffnungsrede nieder. Die Installation muss von der Polizei geschützt werden. Aktivist:innen der rechtsextremen Identitären Bewegung hängen einige Tage später ein Transparent an die Busse: »Eure Politik ist Schrott.« Der Künstler Halbouni erhält Hassmails, Oberbürgermeister Hilbert mehrere Morddrohungen. Er steht einige Zeit unter Polizeischutz. Im Internet wird dazu aufgerufen, vor sein Haus zu marschieren. Der sächsische AfD-Politiker Jens Maier erklärt, der Oberbürgermeister Hilbert sei seines Amtes unwürdig.[116]

Mai 2017, Aachen

In seiner Inszenierung *Heiliger Krieg* thematisiert die Jugendtheatergruppe »Chaostheater« Parallelen zwischen Islamisten und der extremen Rechten. Der Sprecher der Aachener AfD, Jan-Peter Trogrlic, fordert in einem Brief an den Regisseur Reza Jafaris »diese Passage in Deinem Stück zu streichen [...]. Ich werde sonst mit juristischen Mitteln gegen Deine hetzerische, beleidigende und verleumderische Aussage vorgehen müssen«[117].

Mai 2017, Weimar

Die Musikhochschule Thüringen, die mit den Achava Festspielen Thüringen, der Jazzmeile Thüringen und der Stadt Weimar den Achava Jazz-Award ausrichtet, erhält eine anonyme antisemitische Hassmail: »Ja, nun schreibt doch auch auf Eurer Homepage, dass der Achava Jazz-Award ein gottverdammter Judenpreis ist, eingerichtet von dem Wessi-Opa Stölzl, dem Pseudohistoriker mit dem Erbschuldkomplex ›Holocaust‹, in Kooperation mit der linksgrün-versifften Hochschulleitung und dem Bürgermeisternichtkönnerkandidat Martin Kranz! Dann weiß doch jeder, wie Eure lächerlichen Preisträger einzuordnen sind!«[118]

Juni 2017, Magdeburg

Hans-Thomas Tillschneider, kulturpolitischer Sprecher der AfD-Landtagsfraktion Sachsen-Anhalt, fordert in einer Landtagsrede für die Zukunft der Bühnen Halle: »Dann muss die ganze Willkommenskultur aus dem Spielplan. Zurzeit spielt das Neue Theater Halle ›Angst essen Seele auf‹, die bizarre Liebesgeschichte zwischen einem Marokkaner und einer 25 Jahre älteren deutschen Putzfrau. Wer, bitteschön, will solch Abwegigkeiten sehen. Hinfort damit! Der Weg aus der Krise muss eben dort ansetzen, beim Programm und der künstlerischen Leitung. Ich schlage vor, (Operndirektor) Florian Lutz wird entlassen. Dann muss die ganze Willkommenspropaganda aus dem Spielplan. Die Aktion ›Freier Eintritt für Flüchtlinge‹ gehört auch sofort abgeschafft. Würden zeitgemäße und gediegene, stolze und intelligente Werkinterpretationen geliefert statt hoher Experimente und statt dümmlicher Willkommenspropaganda, ich bin mir sicher, wir würden die Krise des Theaters, und zwar nicht nur die finanzielle, überwinden.«[119]

Juli 2017, Berlin

Auf ein Werbeplakat zum Jüdischen Filmfestival Berlin-Brandenburg wird ein Davidstern und der Schriftzug »Killuminati 666« geschmiert.[120]

Juli, September 2017, Münster

Die in einem städtischen Park aufgestellte Plastik »Sketch for a Fountain« der Bildhauerin Nicole Eisenman wird im Juli im Abstand von zehn Tagen zweimal schwer beschädigt. Einer der Figuren wird der Kopf abgeschlagen. Im September, einen Tag nach der Bundestagswahl, werden Figuren der Plastik mit blauer Farbe und einem Hakenkreuz beschmiert. Eisenman verbindet mit ihrer Plastik Erinnerungen an die Flucht ihrer jüdischen Vorfahren vor den Nationalsozialisten.[121]

Juli 2017, Veßra, Thüringen

In Veßra betreibt der Rechtsextremist Tommy Frenck ein Gasthaus als rechten Szenetreff, das direkt neben dem Klostermuseum liegt. Während eines von Frenck veranstalteten Rechtsrock-Festivals im Nachbarort Themar halten sich zahlreiche Rechtsradikale im und vor dem Gasthaus auf. »Es gab Hakenkreuze im Gästebuch«, berichtet die damalige Museumsleiterin Uta Bretschneider. »Und es finden sich immer wieder Übergriffe bei Facebook und Social Media.«[122]

August 2017, Kassel

Der AfD-Stadtverordnete Thomas Materner nennt einen in der Stadt aufgestellten Obelisken des documenta-Künstlers Olu Oguibe »ideologisch polarisierende, entstellte Kunst« und fordert, dass das Kunstwerk nicht von der Stadt angekauft wird. Auf dem Obelisken ist in vier Sprachen das Bibel-Zitat »Ich war ein Fremdling und ihr habt mich beherbergt« zu lesen. Materner droht, falls das Kunstwerk nicht entfernt werde, werde die AfD »bei jedem von Flüchtlingen begangenen Anschlag« zu Demonstrationen vor den Obelisken aufrufen.[123]

September 2017, Dresden
Mitglieder der rechtsradikalen Gruppe »Ein Prozent« befestigen an einem Baugerüst am Dresdner Kulturpalast ein Transparent mit der Aufschrift »Wer Merkel wählt, wählt den Krieg«.[124]

Oktober 2017, Berlin
Nachdem sich der Intendant des Revuetheaters Friedrichstadtpalast, Bernd Schmidt, öffentlich gegen die AfD ausgesprochen hat, erhält das Theater Morddrohungen gegen den Intendanten sowie 600 Hassmails und -briefe. Servicemitarbeiter:innen des Theaters werden am Telefon beschimpft. Im Kulturausschuss des Berliner Abgeordnetenhauses stellt der AfD-Abgeordnete Dieter Neuendorf den Antrag, die Subventionen des Friedrichstadtpalastes zu kürzen: »Wir wollen dem Haus nicht komplett die Gelder streichen. Doch mittels eines qualifizierten Sperrvermerks in Höhe von 12,6 Prozent der Mittel für die Jahre 2018 und 2019 möchte die AfD dem Intendanten Zeit geben, sein Demokratieverständnis zu überdenken.« Der Antrag wird von den anderen Parteien abgelehnt. Nach einer Bombendrohung gegen eine ausverkaufte Vorstellung, die das Theater kurz vor Vorstellungsbeginn erreicht, muss die Vorstellung um 40 Minuten verschoben werden. Publikum und Künstler müssen vor dem Theater warten, bis die Polizei den Saal wieder freigibt.[125]

Oktober 2017, Kassel
Die AfD-Fraktion in der Stadtverordnetenversammlung stellt Strafanzeige wegen Veruntreuung und anderer Straftaten gegen die Leitung der documenta. Im August 2018 stellt die Staatsanwaltschaft die Ermittlungen ein.[126]

Oktober 2017, Berlin
Die AfD-Fraktion im Berliner Abgeordnetenhaus beantragt die Kürzung der Zuwendungen für das Maxim Gorki Theater.

Begründung: »Die zur Verfügung gestellten Mittel und der Zuspruch zum Maxim Gorki Theater in der Berliner Bevölkerung stehen in einem Missverhältnis.« Der AfD-Abgeordnete Dieter Neuendorf erklärt im Kulturausschuss des Berliner Abgeordnetenhauses: »Unter der Intendantin Shermin Langhoff reduziert sich das Maxim Gorki Theater zunehmend auf politischen Kulturkampf und Gesinnungstheater. Es ist der bürgerlichen Mitte unseres Volkes nicht plausibel zu erklären, warum Kultureinrichtungen, die sich in den Dienst einer einseitigen politischen Agenda stellen, durch öffentliche Mittel finanziert werden.«[127]

Oktober 2017, Dresden
Auf einem Baugerüst am Dresdner Kulturpalast befestigen Mitglieder der Gruppe »Ein Prozent« ein Transparent, das Pegida zum dreijährigen Bestehen gratuliert.[128]

Oktober 2017, Berlin
Die AfD-Fraktion im Berliner Abgeordnetenhaus beantragt die Kürzung der Zuwendungen für das Deutsche Theater Berlin. Der AfD-Abgeordnete Hans-Joachim Berg begründet den Antrag in der Sitzung des Kulturausschusses mit einer Presseerklärung des Deutschen Bühnenvereins, die sich gegen Rechtspopulismus und rechtsnationale Parteien richtet. Präsident des Bühnenvereins ist Ulrich Khuon, der Intendant des Deutschen Theaters. Berg: »Wir sind der Auffassung, dass es nicht die Aufgabe von Kunst ist, sich in den Gesinnungsdienst eines bestimmten Meinungskartells zu stellen. [...] Selbstverständlich kann Herr Khuon Gesinnungstheater und Propagandatheater machen. Der Punkt ist nur: Das kann er nicht mit Steuermitteln machen. [...] Es kann nicht die Aufgabe von öffentlichen Mitteln sein, Gesinnungstheater zu finanzieren. [...] Und deswegen sind wir für das Streichen der Zuschüsse für das Deutsche Theater.«[129]

November 2017, Magdeburg

Hans-Thomas Tillschneider, kulturpolitischer Sprecher der AfD-Landtagsfraktion Sachsen-Anhalt, veröffentlicht eine Presseerklärung: »Die Aufgabe des deutschen Theaters war von Beginn an die Vermittlung von nationaler Identität – daher die Bezeichnung vieler Theater als ›Nationaltheater‹. [...] Grundlage und Ausgangspunkt jeder Kulturförderung muss ein selbstbewusstes Bekenntnis zur deutschen Identität sein, wie es allein die AfD vertritt.« [130]

Januar 2018, Berlin

Marc Jongen, der kulturpolitische Sprecher der AfD-Bundestagsfraktion, erklärt öffentlich, in dieser Funktion werde es ihm »Ehre und Freude sein, die Entsiffung des Kulturbetriebs in Angriff zu nehmen«. [131]

Januar 2018, Hamburg

Aktivist:innen der Identitären Bewegung versuchen, Plakate mit Opfern von Terroranschlägen sowie Abbildungen des Pariser Bataclan am Thalia Theater anzubringen. Vorher hatte die Gruppe am Gerhart-Hauptmann-Platz Werbeplakate für die Lessingtage des Thalia Theaters mit entsprechenden Plakaten überklebt. Die Identitäre Bewegung stellt am nächsten Tag Fotos der Aktion ins Internet. [132]

Mai 2018, Berlin

Weil sich das Maxim Gorki Theater bei einer Demonstration des Kulturbündnisses »Die Vielen« beteiligt, polemisiert der Berliner AfD-Abgeordnete Hans-Joachim Berg in einer Presseerklärung: »Mit seinem infamen Aufruf spannt sich das Gorki Theater erneut vor den gesinnungspolitischen Propaganda-Karren der vereinigten Linken in Berlin, anstatt seinem freiheitlichpluralistischen Kulturauftrag gerecht zu werden! Auch wenn den Berlinern einschlägig bekannt ist, dass das Maxim Gorki Theater (und andere Bühnen der Stadt wie das Deutsche Theater) seine ›Kunstfreiheit‹ zum Gesinnungskampf gegen die Freiheit Andersdenkender missbraucht, werden wir immer wieder auf die ideologischen Liebesdienste der Berliner Gesinnungstheater hinweisen.«[133]

Juni 2018, Berlin

Aktivisten der Identitären Bewegung stören die Vorstellung *Gala Global* am Deutschen Theater, rufen mit einem Megafon Parolen und verteilen Flugblätter. Die Vorstellung muss abgebrochen werden. Anschließend verbreiten die rechten Aktivisten Aufnahmen der Aktion auf Social Media.[134]

August 2018, Paderborn

Der AfD-Kreisverband Paderborn erstattet gegen das Theater Paderborn Anzeige wegen Verleumdung und Volksverhetzung. Grund ist eine Karikatur im Programmheft zur Inszenierung *Andorra*. Die Staatsanwaltschaft sieht keine rechtlichen Voraussetzungen, Ermittlungen aufzunehmen.[135]

September 2018, Berlin

In die Vereinsräume der Kreuzberger Musikalischen Aktion e.V. (KMA) wird eingebrochen. Wände und Türen werden mit antisemitischen Sprüchen beschmiert.[136]

September 2018, Bautzen

Unbekannte beschmieren das Bautzener Kulturzentrum Steinhaus mit rechten Parolen.[137]

Oktober 2018, Potsdam/Cottbus

Nachdem das Cottbuser Piccolo Theater 2018 in seinem Stück *KRG* die Dystopie einer faschistischen Diktatur gezeigt hatte, kritisiert der AfD-Fraktionsvorsitzende Andreas Kalbitz im Landtag die öffentliche Finanzierung des Theaters: »Aus welchem Grund soll eine Förderung in dieser Größenordnung erfolgen und welche Bedingungen sind daran geknüpft? [...] Wie viele Stücke mit politischem Bezug ähnlich dem Theaterstück KRG werden in den Jahren dieser Legislaturperiode am Piccolo Theater aufgeführt?«[138]

November 2018, Schwerin

Nachdem der am Mecklenburgischen Staatstheater Schwerin engagierte Schauspieler Robert Höller in einem Interview mit der *Schweriner Volkszeitung* die »Angriffe der AfD auf Kultureinrichtungen« als »gefährlich« bezeichnet hatte, erklärt Nikolaus Kramer, der Vorsitzende der AfD-Landtagsfraktion: »Dass ausgleichend zu avantgardistischen Aufführungen auch identitätsstiftende Stücke zur Besinnung auf die deutsche Leitkultur angeboten werden sollen, kann nicht verwerflich sein.«[139]

November 2018, Chemnitz

Wegen einer Bombendrohung muss ein Konzert der antifaschistischen Band *Feine Sahne Fischfilet* im Alternativen Jugendzentrums (AJZ) unterbrochen werden. Die rund 550 Gäste müssen den Saal verlassen und vor dem Jugendzentrum warten, bis die Polizei den Saal überprüft hat.[140]

November 2018, Bad Schwartau

Bombendrohung gegen die Vorführung des Films *Wildes Herz* über die antifaschistische Band *Feine Sahne Fischfilet*.[141]

Dezember 2018, Essen
Das Kulturzentrum Grend, Veranstalter des internationalen Literaturfestivals »Literatürk 2018«, erhält einen anonymen Brief: »Verehrte Türken, Literatürk ist überflüssig. Lesen Sie das in Istanbul. Buchen Sie viele Flüge. Haun Sie ab aus Deutschland. Ihre AfD.«[142]

Dezember 2018, Hamburg
Anfrage von AfD-Abgeordneten in der Bürgerschaft, ob die von der Behörde für Kultur und Medien finanziell geförderten Kultureinrichtungen parteipolitische Einflussnahmen gegen die AfD unterstützen. Die Anfrage unterstellt zahlreichen Hamburger Kultureinrichtungen, mit Linksradikalen zu kooperieren und sich nur gegen Rechtsextremismus, nicht aber gegen Linksextremismus zu engagieren. Eine der Fragen lautet: »Welche Projekte gegen Linksextremismus, Ausländerextremismus und religiösen Extremismus werden oder wurden in dem Theater durchgeführt und etwaig durch öffentliche Träger gefördert?«[143]

Dezember 2018, Pirna
Unbekannte werfen die Scheibe der Eingangstür der K²-Kulturkiste ein. Einer der Schwerpunkte der Einrichtung ist antifaschistische Bildungsarbeit. Neben Vorträgen und Seminaren finden regelmäßig Ausstellungen und andere Kulturveranstaltungen statt.[144]

Januar 2019, Berlin
In einer Bundestagsdebatte zur Förderung der Kultur im ländlichen Raum erklärt der AfD-Abgeordnete Götz Frömming: »Es geht Ihnen vorrangig doch gar nicht um die Bewahrung der bestehenden, über Jahrhunderte gewachsenen dörflich-ländlichen Kultur, sondern um die Befriedigung der Interessen einer

ganz bestimmten Klientel, die Kultur aus den urbanen Räumen nun aufs Land quasi exportieren soll. [...] Wir als AfD-Fraktion lehnen es ab, unter dem Vorwand der Kulturförderung die Menschen in den ländlichen Räumen umziehen zu wollen.« Auch der AfD-Abgeordnete Martin Erwin Renner polemisiert gegen die Kulturpolitik der Bundesregierung: »Wir sehen die Gefahr, dass durch gezielte ideologiebasierte Bundeszuwendungen Abhängigkeiten entstehen, die wir im Bereich der Kunst und der Kultur nicht haben wollen. Über die Jahre wird so ein angepasstes, politisch korrektes kulturelles Justemilieu entstehen, dessen nachhaltiges wirtschaftliches Überleben von den richtigen politisch-administrativen Kontakten und den dargebrachten Fördertöpfen des Bundes abhängig ist. Das aber braucht niemand.«[145]

Februar 2019, Berlin

In der Hufeisensiedlung in Berlin-Neukölln wird eine Infosäule der Anwohnerinitiative »Hufeisern gegen Rechts« beschädigt. Ein Plakat, das zu einer Veranstaltung mit der jüdischen Schriftstellerin und Bloggerin Juna Grossmann einlädt, wird zerstört.[146]

Mai/Juni 2019, Dresden

Die AfD-Fraktion im Stadtrat Dresden fordert, das als Spielstätte für zeitgenössisches Theater genutzte Festspielhaus in Dresden Hellerau in Zukunft an kommerzielle Nutzer:innen zu vermieten. Die stellvertretende Vorsitzende der AfD-Stadtratsfraktion Dresden, Silke Schöps, nennt das Festspielhaus ein »Fass ohne Boden« und fordert ein Programm für »ein breites Publikum. Wenn die Qualität stimmt, sind Besucher auch bereit, deutlich höhere Eintrittspreise zu zahlen. Betont niedrige Eintrittspreise und kostenlose Angebote sind der falsche Weg. National wie international gibt es Bühnen, die sich ganz ohne oder mit deutlich weniger Zuschüssen finanzieren. [...] Kunst darf sich nicht zum

Protagonisten politisch linker Randgruppen machen lassen. Warum sollten das gerade diejenigen mit ihren Steuergeldern auch noch (mit)finanzieren, für die das alles keinerlei Relevanz hat oder die sogar gezielt aus dem Diskurs ausgegrenzt werden?«[147]

Juni 2019, Stuttgart

Der AfD-Landtagsabgeordnete Rainer Balzer verlangt in einer Anfrage von der Landesregierung Auskunft darüber, wie viele Balletttänzer:innen, Schauspieler:innen, Sänger:innen und Musiker:innen in den vom Land getragenen Bühnen keinen deutschen Pass besitzen. Außerdem will die Partei wissen, welche Staatsangehörigkeit die Künstler:innen haben und wo sie ausgebildet wurden. Balzer erklärt, seine Partei habe sich den »Erhalt deutscher kultureller Werte ganz oben auf ihre Fahnen« geschrieben.[148]

Juni 2019, Osnabrück

Schüler der 11. Klasse der Gesamtschule Schinkel zeigen ihr selbstgeschriebenes Theaterstück *Danke, AfD*. Nach einem Bericht der Lokalzeitung wird in rechten Blogs wie *PI-News* über die Schultheateraufführung berichtet. Nachdem auf *PI-News* ein Bild des Schulleiters samt seinen Kontaktdaten veröffentlicht wird, erreichen die Schule zahlreiche rechte Hassmails. Der bildungspolitische Sprecher der AfD-Landtagsfraktion Harm Rykena fordert: »Die Schulleitung muss eine parteipolitische Instrumentalisierung ihrer Schüler unterbinden. Diese Theateraufführung ist eine Verletzung der schulischen Neutralitätspflicht.«[149]

September 2019, Berlin

An der U-Bahnstation Magdalenenstraße wird ein Plakat zum »Jüdischen Filmfestival Berlin & Brandenburg (JFBB)« mit

Filzstift mit der Parole »Combat 18« beschmiert. »Combat 18« ist der Name des militanten Flügels der verbotenen Neonazi-Organisation »Blood & Honor«.[150]

Oktober 2019, Karlsruhe

Ein Artikel auf dem rechten Blog *PI-News* beschimpft die Diversitybeauftragte des Staatstheaters Karlsruhe und veröffentlicht ein Foto von ihr (»agentin-judith-sorgt-fuer-umvolkungsthea-ter«). Kurz darauf erhält das Theater auf sie bezogene Mails, zum Beispiel mit der Betreffzeile »ich finde judith …nicht ok«. Am gleichen Tag bekommt die Diversitybeauftragte auf ihrem privaten Facebook-Account zwei Nachrichten von ihr unbekannten Personen, durch die sie auf den *PI-News*-Artikel aufmerksam wird. Der *PI-News*-Artikel erhält in 24 Stunden über 100 Kommentare, teils massiv beleidigenden und sexistischen Inhalts, auch mit der Zuschreibung, die Diversitybeauftragte sei jüdisch.[151]

November 2019, Berlin

Der Pianist Igor Levit erhält Morddrohungen und die konkrete Drohung eines Anschlags auf eines seiner Konzerte. Das Konzert findet unter Polizeischutz statt.[152]

Oktober 2019, Stuttgart

Der AfD-Landtagsabgeordnete Emil Sänze kritisiert die finanzielle Landesförderung der Komödie *Wenn der Kahn nach links kippt, setze ich mich nach rechts* am Rottweiler Zimmertheater. In einer Pressemitteilung der AfD-Landtagsfraktion erklärt er, der Staat sei »nicht dafür da, Kunstschaffende auf Lebenszeit zu alimentieren. Der Staat hat sich eine abhängige Künstlerklien-tel geschaffen, die ihm der Abhängigkeit entsprechend politisch hörig ist. So erklären sich die Politisierung der Kunst und ihre

Tendenz zur Umerziehung Andersdenkender.« Es könne nicht toleriert werden, »dass die Kunst an den Interessen der Bevölkerung vorbeiagiert«. Häufig seien Kunstschaffende Persönlichkeiten, »die selbst nichts schaffen und niemals aus dem Schatten der eigenen Unfähigkeit heraustreten könnten«[153].

Dezember 2019, Heidelberg

Die Lyrikerin Ramona Ambs, die unter anderem für das jüdische Online-Portal *Hagalil* und die *Jüdische Allgemeine* schreibt, erhält eine Hassmail mit dem Inhalt: »du behauptest also meine grosseltern waren verhasste menschen die ›juden‹ vergast hätten? bist du wirklich so dumm, oder machst du das nur fürs geld? ihr ostblockjuden könnt nur drohen, jammern, schwindeln und gelder abpressen! mit längst widerlegten lügen.« Nachdem Ambs die Hassmail auf Facebook öffentlich macht, erhält sie von demselben Absender weitere E-Mails: »ich hab dich gefragt ob du behauptest dass meine grosseltern juden vergast hätten. aber statt einer antwort, heulst du, machst auf opfer, nennst andere ›nazi‹. ja, stilisiere dich als ultimatives opfer. ihr armen, armen, armen, armen achso bemitleidenswerten juden. euch gehts so gut hier, müsst nur die hand aufhalten, vom ›holocaust‹ faseln. und schon sprudeln die fördergelder. andere ›leugner‹ nennen, obwohl man selber der heuchler und lügner ist. schieb dir deine gaskammerfantasy in deine ausgetrocknete möse, du alte wachtel. euren scheiss glaubt doch keiner mehr.« Zweite E-Mail: »euch fehlt es komplett an selbstreflektion, gewissenhaftigkeit. geh weiter kinder und jugendliche belügen, was anderes kannst du hexe nicht. eure lügen sind so erbärmlich.« Dritte Mail: »Der Holocaust ist eine Lüge. Du Nutte.«[154]

Dezember 2019, Mannheim

Die AfD-Fraktion im Gemeinderat stellt den Antrag, dem EinTanzhaus, eine Spielstätte für zeitgenössischen Tanz, die kommunalen Fördermittel zu streichen. Begründung: »Das EinTanzhaus propagiert die Spaltung der Gesellschaft und Intoleranz. Im Vorfeld der Kommunalwahl lud der Vorstand des EinTanzhaus den Vertreter der AfD aus.«[155]

Januar 2020, Dresden

Im Kabarett Herkuleskeule wird eine Vorstellung von etwa 15 angetrunkenen Rechtsextremen mit ausländerfeindlichen und beleidigenden Zwischenrufen gestört. Die Gruppe pöbelt und randaliert, einer der Randalierer wirft ein Bierglas, das den Kopf eines Schauspielers nur knapp verfehlt.[156]

Februar 2020, Erfurt

Der AfD-Stadtrat Marek Erfurth fordert auf Facebook, dem Theater Erfurt die Mittel zu kürzen, um die Theaterleitung für ihre »Politikpropaganda« zu bestrafen, weil in der Pause einer *Lohengrin*-Vorstellung ein Höcke- und ein Hitler-Zitat auf den Vorhang projiziert wurden. Die AfD-Stadtratsfraktion schließt sich der Drohung an und erklärt, man solle Erfurths Aussage als »Poetry-Slam« verstehen. Schließlich sei unter dem Label der Kunstfreiheit alles erlaubt.[157]

Februar 2020, Halle

AfD-Stadtrat René Schnabel fordert einen jährlichen Bericht zur Bewertung der Zuschüsse im Kulturbereich. Man wolle keine elitären Randgruppen unterstützen, viele Bürger hätten wenig Verständnis für experimentelle Kunst. AfD-Stadtrat Alexander Raue erklärt: »Die können tun und lassen was sie wollen, sofern sie sich selbst finanzieren.«[158]

Februar 2020, Bremen

Auf das Jugendzentrum Friese wird während eines Rockkonzerts ein Brandanschlag verübt. Der Backstagebereich brennt komplett aus. Mehrere Besucher erleiden Rauchvergiftungen. Am Tatort werden Aufkleber rechtsradikaler Parteien sichergestellt. Mitarbeiter:innen des Jugendzentrums beobachten im Tatzeitraum ortsbekannte Rechtsradikale in der Nähe des Gebäudes. Der Staatsschutz ermittelt wegen des Verdachts einer rechtsextrem motivierten schweren Brandstiftung. 2022 wird gegen drei Tatverdächtige Anklage wegen Brandstiftung und Körperverletzung erhoben. Sie sollen laut Innenbehörde Kontakte in die rechtsextremistische Szene haben.[159]

März 2020, Magdeburg

Die AfD-Landtagsfraktion stellt den Antrag, die finanzielle Unterstützung der Theater des Landes um 18 Millionen Euro (in 2020) und um 19 Millionen Euro (in 2021) gegenüber den von der Regierung vorgesehenen rund 38 Millionen Euro zu kürzen. Begründung: Die Spielpläne seien »politisch höchst einseitig orientiert«. »Insbesondere werden kaum deutsche Theaterstücke auf die Bühne gebracht.«[160]

April 2020, Erfurt

Tosca Kniese, kultur- und tourismuspolitische Sprecherin der AfD-Fraktion im Thüringer Landtag, fordert in einer Presseerklärung Änderungen in der öffentlichen Kulturfinanzierung: »Gerade in Zeiten der Krise wird deutlich, wie überflüssig linksideologische Kulturprojekte sind. Gerade im Kulturbereich geht es darum, jenen Teil zu erhalten, der tatsächlich einen sinnvollen Beitrag für unser Land leistet. Linke ›Kulturprojekte‹ gehören sicher nicht dazu.«[161]

In einer anonymen Drohmail, unterzeichnet mit »NSU 2.0«, wird die Privatadresse des Moderators Jan Böhmermann veröffentlicht.[162]

In einer Landtagsrede erklärt der AfD-Abgeordnete Tillschneider: »Es darf nicht sein, dass der Staat Kunst fördert, die dann plump und einseitig linke Ideen propagiert. Ein grundsätzliches Bekenntnis zur deutschen Nationalkultur darf und muss allerdings verlangt werden. [...] Weiterhin sollten wir den Grundsatz befolgen, nur das zu fördern, was sich auch als lebensfähig erwiesen hat. Die Kunst, die den staatlichen Geldsegen braucht, um überhaupt erst zu existieren, die Kunst, die mit der Subvention steht und fällt, lohnt nicht die Förderung. [...] Wenn sich jetzt die Vertreter des linksliberalen Kulturestablishments im Land fragen, ob das, was ich soeben vorgetragen habe, nicht eine Kriegserklärung an ihre Adresse ist, so kann ich Sie vollkommen beruhigen: Ja, das ist es.«[163]

Anfrage der AfD-Bundestagsfraktion zu einer von der Bundeszentrale für Politische Bildung vertriebenen CD, *Heimatlieder aus Deutschland*, mit Aufnahmen in Deutschland lebender Migrant:innen: »Wie definieren die Herausgeber den musikalischen Gattungsbegriff ›Heimatlied‹? Stammt die Musikgruppe ›La Caravane du Maghreb‹ aus Deutschland, und wenn ja, woher? In welcher Sprache wurde das Stück ›Marhba‹ von ›La Caravane du Maghreb‹ verfasst und gesungen? Wurden für die Produktion des Stückes ›Marhba‹ von ›La Caravane du Maghreb‹ deutsche Steuergelder aufgewandt? Warum befindet sich auf einem Tonträger, der als deutsche ›Heimatmusik‹ ausgewiesen ist, kein einziges Werk in deutscher Sprache? [...] Existieren nach Kenntnis

der Bundesregierung auch in anderen Staaten Regierungsinsti-
tutionen, die staatlich und damit aus Steuergeldern finanzierte
Tonträger mit der Bezeichnung ›Heimatmusik‹, ›Volksmusik‹
veröffentlichten, auf denen kein Werk in der jeweiligen Landessprache des betreffenden Staates oder der betreffenden Staaten
vorzufinden ist?«[164]

November 2020, Berlin

Kleine Anfrage der AfD-Bundestagsfraktion zur Förderung des
Films *Und morgen die ganze Welt*: »Regisseurin Julia von Heinz,
selbst lange Zeit in der Antifa-Szene aktiv, bekannte, ›die guten
Seiten und das Wertvolle der Antifa‹ betonen zu wollen. Sie wolle
›bei aller Kritik einen liebevollen und wertschätzenden Blick
auf sie werfen.‹ Aus Sicht der Fragesteller bleibt der Regisseurin
ihr ›wertschätzender Blick‹ unbenommen, nicht einzusehen ist
nach Auffassung der Fragesteller allerdings, dass dieser Film über
die linksextremistische Antifa mit nationalen Fördermitteln des
Deutschen Filmförderfonds (DFFF) gefördert wurde. [...] Hält
es die Bundesregierung für gerechtfertigt, einen Film, der laut
Aussage seiner Regisseurin einen ›liebevollen und wertschätzenden Blick‹ auf die linksextremistische Antifa wirft, mit nationalen
Filmfördermitteln zu fördern?«[165]

Februar 2021, Berlin

Die Privatadresse der Comedy-Autorin und antifaschistischen
Bloggerin Jasmina Kuhnke wird von Unbekannten im Netz
veröffentlicht, ein Video zeigt ihr Wohnhaus. Mit der Adresse
kursiert der Aufruf »Massakriert Jasmina Kuhnke«. Es folgen
Belästigungen, zum Beispiel bestellen Unbekannte auf ihren
Namen mit ihrer Adresse bei einem Pizza-Service. Um sich und
ihre Familie zu schützen, ist Kuhnke gezwungen, umzuziehen.[166]

Februar 2021, Frankfurt a. M.

Die an der Außenfassade des Schauspiel Frankfurt angebrachte Kunstinstallation »Deutsch mich nicht voll« von Naneci Yurdagül löst auf Facebook und Twitter einen Shitstorm aus. Der bayerischen AfD-Landtagsabgeordnete Uli Henkel wirft dem Schauspiel Frankfurt in einem Youtube-Video vor, mit der Installation »massiv gegen die deutsche Bevölkerung zu hetzen« und damit zu zeigen, dass Deutschland »Weltmeister in Selbsthass« sei. Dank der öffentlichen Finanzierung des Kunstwerks müsse »der dumme deutsche Michel wieder mal für seine Beleidigung bezahlen.« Schaukästen des Theaters werden mit Parolen wie »Kanak mich nicht voll« beklebt. Das Theater wird in zahlreichen Mails beschimpft.[167]

März 2021, München

Unbekannte Nutzer hinterlassen in der Stadtbibliothek immer wieder rechtsradikale Flyer und Aufkleber in und auf Büchern und Zeitschriften. Bücher werden aus offenkundig politischen Motiven beschädigt, Mitarbeiter:innen rassistisch beleidigt. In einem Gedichtband finden Bibliotheksmitarbeiter:innen einen eingeklebten handgeschriebenen Zettel mit antisemitischen Parolen: »Ist mein Verdacht richtig, dass die Juden als Teil des ›Friedens‹-Vertrages nach dem 2. Weltkrieg verlangt haben, deutsche Literatur durch Fälschung zu zerstören und Frauen in Deutschland zu Nutten zu degradieren?«[168]

März 2021, Bautzen

Unbekannte bringen ein Plakat der Identitären Bewegung mit der Aufschrift »Linke Gewalt – ignoriert, geleugnet, verharmlost« am soziokulturellen Zentrum Steinhaus an. Es könnte sich um eine Reaktion auf Plakate der Kampagne »Vorsicht, Vorurteile« handeln, die wenige Tage zuvor am Steinhaus befestigt wurden.[169]

April/Mai 2021, Düsseldorf

Nach der Veröffentlichung seines Videos »Das ist alles von der Kunstfreiheit gedeckt« erhält der Rapper Danger Dan diverse Drohungen, offenkundig von Rechtsextremen.[170]

Mai 2021, Zwickau

Unbekannte dringen in das Open-Air-Kulturzentrum und den Gemeinschaftsgarten »Kunstplantage« ein, verwüsten das Gelände, zerstören zahlreiche Gegenstände und schlagen Fenster ein. Am folgenden Wochenende kommt es zu rechten Schmierereien im ganzen Stadtgebiet.[171]

Juni 2021, Ulm

An der Buchhandlung Aegis wird eine Regenbogenflagge in Brand gesteckt. Die Flagge kann gelöscht werden, bevor die Flammen auf das Fachwerk übergreifen.[172]

August/September 2021, Berlin

In der Stadtteilbibliothek Tempelhof-Schöneberg zerstören Unbekannte wiederholt Bücher, die sich kritisch mit dem Rechtsradikalismus auseinandersetzen. Buchseiten werden systematisch herausgeschnitten. Ebenfalls zerstört werden Bücher über Karl Marx und die Sozialistin Clara Zetkin. Wiederholt werden rechte Schmierereien im und am Gebäude angebracht und anonym Flyer rechtspopulistischer Gruppierungen ausgelegt.[173]

Oktober 2021, Memmingen

Antrag der AfD-Kreistagsfraktion zum Landestheater Schwaben in Memmingen: Die Theater sollten stärker »die Interessen des konservativen Bürgertums bedienen und nicht nur dessen Gelder in Anspruch nehmen«. Die AfD wirft dem Theater vor, »eine auf untauglichen universalistischen Idealen beruhende Ideologie unters Volk zu bringen« und noch nie ein Stück gezeigt zu haben, das »die Gefährlichkeit einer Indoktrination unserer Jugend durch linksextremes Gedankengut« zeige. Der AfD-Landtagsabgeordnete Christoph Maier wirft dem Theater »staatlich finanzierten Linksextremismus« vor.[174]

Oktober 2021, Zwickau

Eine Vernissage des Kunstvereins »Freunde aktueller Kunst« wird von Neonazis gestört, die vor der Galerie mit Transparenten aufmarschieren, lautstark Parolen brüllen und die Besucher:innen der Galerie durch die Scheiben fotografieren und filmen. Die Galerie ist seit Jahren immer wieder von solchen Übergriffen betroffen. Bei einer Vernissage der Künstlerin Pipilotti Rist im Sommer 2021 sorgen etwa 20 Neonazis vor der Galerie für Randale. »Sie sind da, um ihre wirklich kruden Ansichten verlauten zu lassen. Dazu gehört dann zum Beispiel, dass wir kein Geld bekommen sollten, wenn sie an der Regierung wären, weil wir keine völkische Kunst zeigen«, berichtet der Galerist Klaus Fischer. Als die Galerie 2019 ihre Bilder zeigt, stören Nazis und brüllen: »Dies ist eine deutsche Galerie, warum stellen die Ausländerinnen aus, das werden wir ändern!«[175]

Die Chronik ist zuerst 2019 und 2021 in der *Süddeutschen Zeitung* erschienen.

DANK

Meine ersten Recherchen zum Thema und die Chroniken der rechten Übergriffe auf die Kunstfreiheit sind seit 2018 im Feuilleton der *Süddeutschen Zeitung* erschienen. Die *SZ* hat diese Arbeit immer großzügig und unkompliziert begleitet, insbesondere meine Kolleg:innen in der Redaktion, die Dokumentation und die angenehm penible Rechtsabteilung. Die Redaktion der *Blätter für deutsche und internationale Politik* hat mich eingeladen, einen Beitrag zu rechten Übergriffen auf die Kunstfreiheit zu schreiben (›Die Entsiffung des Kulturbetriebs‹, *Blätter für deutsche und internationale Politik* 8/22), damit hat die Arbeit an diesem Buch begonnen. Wilhelm Heitmeyer war so freundlich, meinen Text zu lesen und mit mir zu diskutieren. Die Begriffe und Theoriefiguren, die er in seinen Büchern entwickelt hat, habe ich dankbar genutzt. Ohne die Wagenbach-Lektorin Lena Luczak wäre dieses Buch nicht erschienen. Ihr Lektorat war in der Zusammenarbeit so angenehm wie genau und immer an der Sache orientiert.

Ein Teil der Recherche ist im Rahmen eines gemeinsamen Projekts mit dem Kulturbündnis »Die Vielen« entstanden. Nur mit Hilfe der Unterstützung dieses Netzwerks konnte ich zahlreiche Übergriffe dokumentieren. Eine Diskussionsreihe der »Vielen« hat mir geholfen, die Funktion und Folgen der rechten Übergriffe auf die Kunstfreiheit besser zu verstehen. Die Zusammenarbeit mit dem Berliner Trägerverein der »Vielen« war in jedem Moment ein Vergnügen.

ANMERKUNGEN

1 Christian Fuchs/John Goetz: *Die Zelle*, Reinbek 2012, 103 f., siehe auch in Bezug auf S. 16/17

2 Ebd.

3 Björn Höcke: *Nie zweimal in denselben Fluß*, Lüdinghausen 2018, S. 91; Marc Jongen: *Vier Jahre Kulturkampf*, 2021: https://www.facebook.com/Dr.MarcJongen/videos/vier-jahre-kulturkampf/465067751367158/?__so__=-watchlist&__rv__=related_videos&locale=ne_NP

4 Zitiert nach: Daniel Hornuff: ›Marc Jongen. ›Es wird mir eine Freude sein, die Entsiffung des Kulturbetriebs in Angriff zu nehmen‹, in: *Zeit Online*, 14.2.2018, https://www.zeit.de/2018/08/marc-jongen-afd-kulturbetrieb-entsiffung-aussage?utm_referrer=https%3A%2F%2Fwww.google.com%2F

5 Jan-Werner Müller: *Freiheit, Gleichheit, Ungewissheit*, Berlin 2021, S. 9

6 Vgl. dazu etwa Volker Weiß: *Die autoritäre Revolte*, Stuttgart 2017; Ders.: ›Bedeutung und Wandel von ›Kultur‹ für die extreme Rechte‹, in: Fabian Virchow et al. (Hg.): *Handbuch Rechtsextremismus*, Wiesbaden 2016, S.441 ff.; Andreas Speit (Hg.): *Das Netzwerk der Identitären*, Berlin 2018

7 Zur Unterscheidung und den informellen Allianzen zwischen hartem, militantem Rechtsextremismus, Rechtspopulismus, autoritärem Nationalradikalismus, roher Bürgerlichkeit und der Scharnierfunktion der AfD vgl.: Wilhelm Heitmeyer/Manuela Freiheit/Peter Sitzer: *Rechte Bedrohungsallianzen*, Berlin 2020; Wilhelm Heitmeyer: *Autoritäre Versuchungen*, Berlin 2018

8 Andreas Hermann: ›AfD will bei Oguibe-Besuch gegen den Obelisken demonstrieren‹, in: *HNA*, 31.7.2018, https://www.hna.de/kassel/obelisk-kassel-afd-will-bei-oguibe-besuch-demonstrieren-10078080.html; Andreas Hermann/Werner Fritsch: ›documenta-Kunstwerk Obelisk: Die AfD spricht von ›Entstellter Kunst‹‹, in: *HNA*, 17.8.2017, https://www.hna.de/kultur/documenta/documenta-kunstwerk-obelisk-afd-spricht-von-entstellter-kunst-8601756.html; https://www.afd-fraktion-kassel.de/der-obelisk-gehoert-nicht-nach-kassel/

9 https://altcensored.com/watch?v=dJrt9l8IGE0; ›Protestgegen Jelinek-Stück: ›Identitäre‹ kletterten auf Burgtheater‹, in: *Der Standard*, 27.4.2016, https://www.derstandard.at/story/2000035879204/identitaere-klettern-aufs-burgtheater

10 Peter Laudenbach: ›Die Bedrohung‹, in: *Süddeutsche Zeitung*, 9.5.2021, https://www.sueddeutsche.de/kultur/rechte-attacken-auf-die-kultur-die-bedrohung-1.5289262?reduced=true; Die Chronik ist auch auf der Seite der »Vielen« veröffentlicht: https://die-vielen.de/-/projekte/dialoge-kunstfreiheit

11 Diese Chronik ist bisher der detaillierteste Versuch, entsprechende Vorfälle zu dokumentieren. Eine Studie, die eine Forschungsgruppe um den Politikwissenschaftler Wolfgang Schroeder 2022 veröffentlich hat, ist in der Auflistung der Einzelfälle summarischer (Wolfgang Schroeder et al.: *Einfallstor für rechts?*, Frankfurt/New York 2022, S. 229 ff.). Für diese Studie wurden nicht wie in unserer Chronik einzelne Kultureinrichtungen befragt und konkrete Vorfälle dokumentiert, sondern lediglich Verbände aus den Bereichen darstellende und bildende Kunst, Musik und Literatur um Auskunft über ihre Erfahrungen mit rechten Übergriffen gebeten.

12 Wolfgang Schroeder et al., ebd., S. 229 ff.

13 Stenografischer Bericht der Sitzung vom 19.11.2020 des Landtags von Sachsen-Anhalt, https://www.landtag.sachsen-anhalt.de/fileadmin/files/plenum/wp7/114stzg.pdf, folgende Zitate siehe Deutscher Bundestag, Drucksache 20/5226, 20. Wahlperiode, https://dserver.bundestag.de/btd/20/052/2005226.pdf

14 https://www.youtube.com/watch?v=CwOETtATHOY; https://www.youtube.com/watch?v=WSsrIJRtRhs

15 Jan Gorkow: ›Mein Name steht auf vielen Todeslisten‹, in: *Stern*, 23.4.2022, https://www.stern.de/kultur/monchi-von-feine-sahne-fischfilet---ich-stehe-auf-vielen-todeslisten--31793514.html; Igor Levit: ›Habe ich Angst? Ja, aber nicht um mich‹, in: *Tagesspiegel*, 29.12.2019, https://www.tagesspiegel.de/meinung/pianist-igor-levit-erhielt-morddrohungen-habe-ich-angst-ja-aber-nicht-um-mich/25372372.html; ›Datenabfrage zu Böhmermann‹, in: *die tageszeitung*, 18.9.2020, taz.de/Ermittlungen-zum-nsu-20/!5714945/; ›Vor ›Möllner Rede‹: Morddrohungen gegen Kabarettistin İdil Baydar‹, in: *ISD online*, 11.11.2019, https://isdonline.de/vor-moellner-rede-morddrohungen-gegen-kabarettistin-idil-baydar/; https://taz.de/Doxing-von-Autorin-Jasmina-Kuhnke/!5760862/

16 Fabian Dombrowski: ›Brandanschlag auf Kulturzentrum. Anklage gegen drei Männer erhoben‹, in: *Weser Kurier*, 15.2.20, https://www.weser-kurier.de/bremen/brandanschlag-auf-kulturzentrum-anklage-gegen-drei-maenner-erhoben-doc7mpslogkhm017v9vllpi; ›Explosion in Sachsen. Anschlag auf Chemnitzer Künstlerclub‹, in: *Tagesspiegel*, 8.11.2016, https://www.tagesspiegel.de/politik/explosion-in-sachsen-anschlag-auf-chemnitzer-kuenstlerclub/14810304.html; ›Erneuter Anschlag auf Kulturelles Zentrum ›Lokomov‹‹, in: *Die Welt*, 2.3.2017, https://www.welt.de/regionales/sachsen/article162537923/Erneuter-Anschlag-auf-Kulturelles-Zentrum-Lokomov.html; https://unentdeckte-nachbarn.de/ueber-uns/; https://www.raa-sachsen.de/support/chronik?suche=Kultur&cpage=2

17 Interview mit dem Intendanten; https://www.parlament-berlin.de/ados/18/Kult/protokoll/k18-011-wp.pdf

18 https://www.facebook.com/ja.dresden/posts/828329303971494/; https://twitter.com/ibdeutschland/status/833648396011384832?lang=de; Mail Report-Antisemitism; https://www.identitaere-bewegung.de/blog/eure-politik-ist-schrott/; Andreas Weller/Ulrich Wolf: ›Aufruf zum Mord an OB Hilbert‹, in: *Sächsische Zeitung*, 4.2.2017, https://www.saechsische.de/aufruf-zum-mord-gegen-ob-hilbert-3605504.html; ›»Die Rechtspopulisten bauen auf das Vergessen«, in: *Süddeutsche Zeitung*, 7.2.2017, https://www.sueddeutsche.de/kultur/dresdner-kunstwerk-die-rechtspopulisten-bauen-auf-das-ver-gessen-1.3368650; Doreen Reinhard: ›Tumultartige Trauerarbeit‹, in: *Die Zeit*, 8.2.2017, https://www.zeit.de/gesellschaft/zeitgeschehen/2017-02/dres-den-gedenken-13-februar-tumulte-einweihung-skulptur-monument-ma-naf-halbouni?mode=recommendation&page=16

19 Christoph Richter: ›Kontroverse um Tanzprojekt‹, in: *Deutschlandfunk*, 18.12.2016, https://www.deutschlandfunk.de/kontroverse-um-tanzprojekt-afd-will-deutsche-kultur-auf-100.html; Interview des Autors mit Theater-mitarbeiter:innen

20 Wilhelm Heitmeyer: ›Rohe Bürgerlichkeit‹, in: *Theater heute* 1/22

21 Ebd.

22 Wilhelm Heitmeyer: *Autoritäre Versuchungen*, a.a.O., S. 271

23 Björn Höcke, a.a.O., S. 91

24 A.a.O., S. 111

25 A.a.O., S. 258

26 A.a.O., S. 94

27 Götz Kubitschek: ›Selbstverharmlosung‹, in: *Sezession* 76, Februar 2017, https://sezession.de/59584/selbstverharmlosung. Wie die Strategie der Selbstverharmlosung zum Zweck der Normalisierung extremer Positionen in der AfD aufgegriffen wird, analysiert Samira El Ouassil: ›Die AfD will harmlos wirken‹, in: *Über Medien*, 30.9.2019, https://uebermedien.de/41948/die-afd-will-harmlos-wirken-die-medien-muessen-ihre-strategie-sabotieren

28 Wilhelm Heitmeyer: ›Rohe Bürgerlichkeit‹, in: a.a.O.

29 Kai Dordowsky: ›Kinovorführung unter Polizeischutz wegen ›Feine Sahne Fi-schfilet‹-Doku‹, *in: Kieler Nachrichten*, 14.1.2019, https://www.kn-online.de/themen/feine-sahne-fischfilet/; ›Staatsanwaltschaft ermittelt nach Drohun-gen gegen Feine Sahne‹, in: *Nordkurier*, 16.11.2018, https://www.nordkurier.de/aus-aller-welt/staatsanwaltschaft-ermittelt-nach-drohungen-gegen-fei-ne-sahne-1633747211.html

30 Günter Frankenberg/Wilhelm Heitmeyer: ›Zur Theorie und Empirie des Autoritären‹, in: Dies. (Hg.): *Treiber des Autoritären*, Frankfurt/New York 2022, S. 39

31 Wilhelm Heitmeyer: *Autoritäre Versuchungen*, a.a.O., S. 246

32 Götz Kubitschek 2018, im Videomitschnitt der Veranstaltung: https://www.youtube.com/watch?v=DPjAxDRY9gg

33 Heinrich Detering: *Was heißt hier »wir«. Zur Rhetorik der parlamentarischen Rechten*, Ditzingen 2019, S. 10

34 Ebd. S. 23

35 So der AfD-Bundestagsabgeordnete Matthias Moosdorf: https://moosdorf21.de/blog/der-staat-muss/

36 Stenografischer Bericht der Sitzung vom 19.11.2020 des Landtags von Sach-sen-Anhalt: https://www.landtag.sachsen-anhalt.de/fileadmin/files/plenum/wp7/114stzg.pdf; https://www.parlament-berlin.de/ados/18/Kult/protokoll/ki8-011-wp.pdf; http://www.afd-potsdam.de/wp-content/uploads/2019/04/KPG_2019.pdf; Presseerklärung der AfD-Landtagsfraktion Baden-Württemberg vom 10.10.2019; https://www.presseportal.de/pm/127902/4396984

37 Götz Kubitschek: ›Warum Carl Schmitt lesen‹, in: *Sezession*, 18.3.2010, https://sezession.de/13269/warum-carl-schmitt-lesen?hilite=Schmitt - zuletzt abgerufen 1.1.2023

38 Wilhelm Heitmeyer: *Autoritäre Versuchungen*, a.a.O., S. 234

39 Carl Schmitt: *Der Begriff des Politischen*, Text der Ausgabe von 1932. Berlin 1991, S. 33

40 Ebd., S. 27

41 Rüdiger Soldt: ›AfD provoziert Kunstbetrieb in Baden-Württemberg‹, in: *Frankfurter Allgemeine Zeitung*, 28.6.2019, https://www.faz.net/aktuell/politik/inland/anfrage-zu-nationalitaeten-afd-provoziert-kunstbetrieb-in-baden-wuerttemberg-16259908.html; Sascha Maier: ›AfD will Kulturbetriebe auf Migranten hin durchleuchten‹, in: *Stuttgarter Zeitung*, 25.6.2019, https://www.stuttgarter-zeitung.de/inhalt.landtag-in-baden-wuerttemberg-afd-will-kulturbetriebe-auf-migranten-hin-durchleuchten.8e695384-0000-46b8-af19-e283bd63ee62.html

42 Daniel Salpius: ›Zu wenig deutsche Stücke?: AfD will Anhaltischem Theater Millionen streichen‹, in: *Mitteldeutsche Zeitung*, 6.3.2020, https://www.mz-web.de/dessau-rosslau/zu-wenig--deutsche-stuecke---afd-antrag-will-anhaltischem-theater-millionen-streichen-36375628?originalReferrer=; https://www.facebook.com/&originalReferrer=http%3A%2F%2Fm.facebook.com&fbclid=IwAR2bWr3JwEaD7pwd8seYn6P-4ParVdtIZkIUqv2S-rc3G4BEEk-4ZE_Jp6dA

43 https://www.youtube.com/watch?v=Ak-Mtt39vLw; Maria Schneider: »Deutsch mich nicht voll‹ – ein Fall für §90 Strafgesetzbuch?‹, in: *Deutsche Stimme*, 22.2.2021, https://deutsche-stimme.de/deutsch-mich-nicht-voll-ein-fall-fuer-§-90-deutsches-strafgesetzbuch/; Interview mit einer Theatermitarbeiterin

44 Ina Rottscheidt/Marcus Pindur/Suzanne Krause: ›Warum der Antisemitismus nie weg war‹, in: *Deutschlandfunk*, 10.10.2019, https://www.deutschlandfunk.de/nach-dem-anschlag-in-halle-warum-der-antisemitismus-nie-weg-100.html

45 Wilhelm Heitmeyer: *Autoritäre Versuchungen,* a.a.O., S. 235

46 Heinrich Detering, a.a.O., S. 7

47 Alexander Gauland: ›Wir versuchen, die Grenzen des Sagbaren auszuweiten‹, in: *Frankfurter Allgemeine Zeitung*, 7.6.2018

48 https://padoka.landtag.sachsen-anhalt.de/files/plenum/wp7/114stzg.pdf; https://www.landtag.sachsen-anhalt.de/viel-erreicht-und-doch-eine-branche-in-not/?fbclid=IwAR0NC8-xIuWjldiUXj3J3Lb5qxiT-Otd89rOoEY2pj-UXrTdpaUItpg4H8; https://www.landtag.sachsen-anhalt.de/plenarsitzungen/55-sitzungsperiode/#/?accordion=0&accordionPlenar=6&accordionVideo=1

49 Jan-Werner Müller: *Freiheit, Gleichheit, Ungewissheit*, Berlin 2021, S. 66 f.

50 Andrea Röpke/Andreas Speit: *Völkische Landnahme*, Berlin 2019, S. 45 ff., Foto der Theatergäste auf S. 46

51 *Meine Heimat, Mein Thüringen*: Wahlprogramm der AfD für die Landtagswahlen in Thüringen 2019, S. 81

52 Ebd., S. 82
53 https://afd-thl.de/wp-content/uploads/2018/05/Leitkultur-Identität-Patrio-tismus.pdf, S. 29 f.
54 Heinrich Detering, a.a.O., S. 40.
55 Alexander Gauland: ›Rede in Elsterwerda‹, in: *Frankfurter Allgemeine Zeitung*, 5.6.2016
56 Björn Höcke: ›Gemütszustand eines total besiegten Volkes‹, in: *Tagesspiegel*, 19.1.2017
57 Vgl. Peter Laudenbach: ›Wir distanzieren uns ausdrücklich‹, in: *Süddeutsche Zeitung*, 24.7.2022
58 Siegfried Kracauer: *Werke, Band 6.2: Kleine Schriften zum Film 1928-1931*, Frankfurt a. M. 2004, S. 426
59 Siegfried Kracauer: *Werke, Band 5.3: Essays, Feuilletons, Rezensionen 1928-1931*, Berlin 2011, S. 386
60 http://www.difarchiv.deutsches-filminstitut.de/zengut/dt2tb00154e.htm
61 Goebbels' Tagebuchnotizen 12.12.1930, 14.12.1930, in: Elke Fröhlich (Hg.): *Die Tagebücher Joseph Goebbels. Sämtliche Fragmente. Bd. 1: 1924–1930*, München 1987. Vgl. zu dieser Passage auch: Jens Ebert: ›Im Westen nichts Neues‹, in: *Deutschlandfunk* Kultur, 7.12.2005, https://www.deutschlandfunkkultur.de/im-westen-nichts-neues-104.html.
62 Heinrich Mann: *Ein Zeitalter wird besichtigt*, Berlin 1947, S. 327
63 Jan-Werner Müller, ebd., S. 21 f.
64 Wilhelm Heitmeyer: *Autoritäre Versuchungen*, ebd., S. 357
65 https://www.amadeu-antonio-stiftung.de/todesopfer-rechter-gewalt/
66 Ines Eisele: ›Auf Twitter zum Abschuss freigegeben‹, in: *Deutsche Welle*, 20.11.2019, https://www.dw.com/de/auf-twitter-zum-abschuss-freigegeben/a-51315221
67 Antonia Baum: ›Markierte Zielpersonen‹, in: *Die Zeit*, 4.2.2021, https://www.zeit.de/2021/06/rainer-meyer-don-alphonso-blog-rechte-gewalt-rechtsextremismus/komplettansicht?utm_referrer=https%3A%2F%2Fuebermedien.de%2F
68 Statement Klaus Fischer bei der Diskussion »Die Kunst bleibt frei« von »Die Vielen« am 10.3.2022: https://dievielen.de/kalender/die-kunst-bleibt-frei. Vgl. auch: Victor Sattler: ›Rechtsextreme bedrohen Kunstfreiheit in Zwickau‹, in: *Frankfurter Allgemeine* Zeitung, 3.2.2022, https://www.faz.net/aktuell/feuilleton/debatten/rechtsextreme-und-querdenker-in-zwickau-bedrohen-kunstfreiheit-17773794.html; Victor Sattler: ›Warum Querdenker die Kunst hassen‹, in: *Die Zeit*, 3.3.2022, https://www.zeit.de/gesellschaft/zeitgeschehen/2022-01/kulturfeindlichkeit-querdenker-rechte-corona-demonstranten-kunstfreiheit?utm_referrer=https%3A%2F%2Fwww.google.com%2F
69 Johannes Grunert: ›Situationsanalyse: die extrem rechte Szene in Zwickau‹, in: *Policy Paper* 2021-4, https://efbi.de/files/efbi/pdfs/2021_EFBI_PolicyPaper_4_ohne%20Uni%20Logo.pdf
70 Jan-Werner Müller: *Was ist Populismus*, Berlin 2016, S. 42
71 https://www.parlament-berlin.de/ados/18/Kult/protokoll/k18-011-wp.pdf
72 Ebd.

73 https://www.landtag-bw.de/files/live/sites/LTBW/files/dokumente/WP16/Plp/16_0046_09112017.pdf

74 https://silke-schoeps.de/2019/06/20/presseerklaerung-der-neu-gewaehlten-stadtraete-der-afd-dresden-zum-umgang-mit-dem-festspielhaus-hellerau-ezkd

75 https://afd-thl.de/2020/04/19/kniese-keine-steuermittel-fuer-ueberfluessige-linksideologische-kulturprojekte-und-weltfremde-genderbeauftragte/

76 https://afd-thl.de/2020/05/27/kniese-alimentierung-des-linken-kunst-kluengels-stoppen/

77 Christoph Richter: ›AfD will deutsche Kultur auf Sachsen-Anhalts Bühnen stärken‹, in: *Deutschlandfunk*, 18.12.2016, https://www.deutschlandfunk.de/kontroverse-um-tanzprojekt-afd-will-deutsche-kultur-auf-100.html

78 Vgl. Karina Becker/Klaus Dörre/Peter Reif-Spirek (Hg.): *Arbeiterbewegung von rechts? Ungleichheit – Verteilungskämpfe – populistische Revolte*. Frankfurt/New York 2018

79 Alle folgenden Zitate aus einem Vortrag Dörres bei der Diskussion »Die groben Unterschiede: Kunstfreiheit in der Klassengesellschaft« am 8.5.2021, veranstaltet von »Die Vielen«

80 Diedrich Diederichsen: ›Am Stammtisch der Sachlichkeit: Markiertes Sprechen in Deutschland‹, in: *Merkur* 9/2021

81 Vgl. zur Kritik der Hufeisentheorie: Eva Berendsen/Katharina Rhein/Tom David Uhlig (Hg.): *Extrem unbrauchbar. Über Gleichsetzungen von links und rechts*, Berlin 2019

82 ›JF-GEspräch. Tellkamp kritisiert ›willkürliche Ausgrenzung gegen rechts‹‹, in: *Junge Freiheit*, 25.05.2022, https://jungefreiheit.de/kultur/gesellschaft/2022/tellkamp-willkuer-rechts/

83 Claudia Schwartz: ›Noch feindseliger geht nicht‹, in: *Neue Zürcher Zeitung*, 2.1.2020, https://www.nzz.ch/feuilleton/monika-maron-und-das-meinungsklima-feindseliger-geht-nicht-ld.1589543

84 Arno Frank: ›Kabarettistin Lisa Eckhardt von Literaturfestival ausgeladen‹, in: *Der Spiegel*, 5.8.2020, https://www.spiegel.de/kultur/literatur/hamburg-lisa-eckhart-vom-harbour-front-literaturfestival-ausgeladen-a-ab18855d-0381-4e13-a232-2c9e00ef031b

85 Arno Frank: ›Lisa Eckhardt schlägt Kompromissvorschlag aus‹, in: *Der Spiegel*, 10.8.2020, https://www.spiegel.de/kultur/literatur/lisa-eckhart-beim-harbour-front-festival-wettbewerbsteilnahme-ausgeschlagen-a-56f33f8a-0f54-4ba7-b162-a729d7f2d01b

86 Henry Bernhard: ›Rechter Boykott gegen Theater‹, in: *Deutschlandfunk*, 8.1.2017, https://www.deutschlandfunk.de/thueringen-rechter-boykott-gegen-theater.2016.de.html?dram:article_id=375825; Gerrit Wustmann: ›Unaussprechliches auf der Bühne‹, in: *die tageszeitung*, 30.5.2017, https://taz.de/Konflikt-Aachener-Theater-und-afd/!5415721/

87 https://silke-schoeps.de/2019/06/20/presseerklaerung-der-neu-gewaehlten-stadtraete-der-afd-dresden-zum-umgang-mit-dem-festspielhaus-hellerau-ezkd/; http://www.buergerschaft-hh.de/parldok/dokument/64615/erklaerung_der_vielen_parteipolitische_und_weltanschauliche_einflussnahme_durch_die_behoerde_fuer_kultur_und_medien_sowie_durch_oeffent-

lich_gefoerdert.pdf; Auskunft Thalia Theater; Protokoll Stadt Halle, Plandatum: VII/2020/00802,16.1.2020; https://afd-unterallgaeu-memmingen.de/aktuelles/2021/10/das-grosse-schweigen-programmgestaltung-am-landestheater-schwaben/

88 Franz Wille: ›Der andere Blick‹, in: *Theater heute* 10/2022, S. 37
89 Georg Wilhelm Friedrich Hegel: *Werke 15. Vorlesungen über die Ästhetik III*, Frankfurt a. M. 1970, S. 523
90 Jan-Werner Müller: *Freiheit, Gleichheit, Ungewissheit*, a.a.O., S. 80
91 Wolfgang Schroeder et al., a.a.O., S. 229
92 Carsten Brosda: *Die Kunst der Demokratie*, Hamburg 2020, S. 8 ff.
93 Jochen Hörisch: *Poesie und Politik*, München 2022
94 Vgl. z. B.: Moritz Föllmer: *Ein Leben wie im Traum. Kultur im Dritten Reich*, München 2016
95 Peter Laudenbach: ›Nazi Horror Picture Show‹, in: *Süddeutsche Zeitung*, 19.5.2010, https://www.sueddeutsche.de/kultur/nach-anschlag-auf-theaterensemble-nazi-horror-picture-show-1.912206
96 Wilhelm Heitmeyer: ›Rohe Bürgerlichkeit‹, a.a.O.
97 Wilhelm Heitmeyer: *Rechte Bedrohungsallianzen*, Berlin 2020, S. 117
98 Wilhelm Heitmeyer (Hg.): *Deutsche Zustände. Folge 10*, Berlin 2011
99 Nicola Kuhn: ›Der nächste Skandal‹, in: *Tagesspiegel*, 20.8.2022
100 Botho Strauß: *Anschwellender Bocksgesang*. In: ders.: *Die Expedition zu den Wächtern und Sprengmeistern*, Hamburg 2020, S. 228
101 Götz Kubitschek: ›Gegenaufklärung – Botho Strauß ist 70‹, in: *Sezession* 63, 1.12.2014, https://sezession.de/57147/gegenaufklarung-botho-strauss-ist-70?hilite=Bocksgesang; Götz Kubitschek: ›Aufstand verlängert – Neuauflage der Essays von Botho Strauß‹, in: *Sezession*, 2.7.2012, https://sezession.de/32827/aufstand-verlangert-neuauflage-der-essays-von-botho-straus?hilite=Bocksgesang; Götz Kubitschek: ›Nachtgedanken 5: angeschwollener Bocksgesang‹, in: *Sezession*, 23.7.2018, https://sezession.de/58872/nachtgedanken-5-angeschwollener-bocksgesang?hilite=Fanfarens0%C3%9F
102 Botho Strauß, ebd., S. 245
103 Botho Strauß: ›Der letzte Deutsche‹, in: *Der Spiegel* 42 /2015, S. 122 ff., http://magazin.spiegel.de/EpubDelivery/spiegel/pdf/139095826
104 Ebd.
105 Thomas Assheuer: ›Botho Strauß. Tragischer Verrat an der Freiheit‹, in: Ralf Fücks/Christoph Becker (Hg.): *Das alte Denken der Neuen Rechten*, Frankfurt a. M. 2020, S. 264
106 Uwe Tellkamp: *Das Atelier*, Dresden 2020
107 ›Streitbar! Wie frei sind wir mit unserer Meinung‹, Aufzeichnung der Diskussion zwischen Uwe Tellkamp und Durs Grünbein im Kulturpalast Dresden, April 2018; https://www.youtube.com/watch?v=xlFUi0Zbr-g
108 Uwe Tellkamp: ›Ich muss mich rechtfertigen‹, Interview mit Lothar Müller, in: *Süddeutsche Zeitung*, 12.5.2022, https://www.sueddeutsche.de/kultur/uwe-tellkamp-schlaf-in-den-uhren-interview-1.5582885?reduced=true
109 https://www.spiegel.de/spiegel/skandalschriftsteller-thor-kunkel-arbeitet-jetzt-als-werber-fuer-die-afd-a-1153070.html

110 https://dievielen.de/

111 Alle Zitate: Peter Laudenbach: ›Es beginnt immer mit der Sprache‹, in: *Süddeutsche Zeitung*, 14.8.2018, https://www.sueddeutsche.de/kultur/die-vielen-kulturpolitik-theater-1.4207305-0#seite-2

112 ›Explosion in Sachsen. Anschlag auf Chemnitzer Künstlerclub‹, in: *Tagesspiegel*, 8.11.2016, https://www.tagesspiegel.de/politik/explosion-in-sachsen-anschlag-auf-chemnitzer-kuenstlerclub/14810304.html; https://unentdeckte-nachbarn.de/ueber-uns/; https://www.raa-sachsen.de/support/chronik?suche=Kultur&page=2

113 Henry Bernhard, a.a.O.

114 Auskunft des Buchhändlers; Jörg Sundermeier: ›Gute Nerven gegen Nazis‹, in: *die tageszeitung*, 1.2.2018, https://taz.de/Brandanschlag-auf-Buchhaendler-in-Berlin/!5481673/; Helena Piontek: ›Erneut Brandanschläge in Neukölln‹, in: *Tagesspiegel*, 1.2.2018, https://www.tagesspiegel.de/berlin/polizei-justiz/erneut-brandanschlage-in-neukolln-4564900.html

115 Auskunft des Festivalleiters; https://www.landtag.sachsen-anhalt.de/fileadmin/files/plenum/wp7/114stzg.pdf; https://padoka.landtag.sachsen-anhalt.de/files/plenum/wp7/045stzg.pdf

116 Siehe Fußnote 20

117 Gerrit Wustmann, a.a.O.

118 Mail Report-Antisemitism

119 https://www.landtag.sachsen-anhalt.de/plenarsitzungen/transkript/?tx_apertobase_livetranscript%5Bspeaker%5D=9190&cHash=fc745823a5135c3046fc306ca15a385e

120 Mail Report-Antisemitism

121 Georg Imdahl: ›Quell von Gemeinschaft‹, in: *Frankfurter Allgemeine Zeitung*, 14.4.2021, https://www.faz.net/aktuell/feuilleton/kunst/brunnenskulptur-von-nicole-eisenman-bleibt-in-muenster-17289895.html

122 Ernst-Ludwig von Aster: ›Ein Dorf hält dagegen‹, in: *Deutschlandfunk Kultur*, 14.6.2020, https://www.deutschlandfunkkultur.de/kloster-vessra-und-der-neonazi-ein-dorf-haelt-dagegen.1076.de.html?dram:article_id=478443

123 Andreas Hermann/Werner Fritsch, a.a.O.

124 https://www.raa-sachsen.de/support/chronik?suche=Kultur&page=2

125 Gespräch mit dem Intendanten; https://www.parlament-berlin.de/ados/18/Kult/protokoll/k18-011-wp.pdf

126 Geraldine Oetken: ›Staatsanwaltschaft stellt Verfahren gegen Documenta-Spitze ein‹, in: *RedaktionsNetzwerk Deutschland*, 9.8.2018, https://www.rnd.de/kultur/staatsanwaltschaft-stellt-verfahren-gegen-documenta-spitze-ein-CRDEXU3A6LW6DJLL74P4R6HVKY.html; Frank Thonicke: ›Anzeige gegen documenta-Spitze: AfD vermutet Veruntreuung‹, in: *HNA*, 19.10.17, https://www.hna.de/kultur/documenta/anzeige-gegen-documenta-spitze-kasseler-afd-fraktion-vermutet-veruntreuung-8786483.html

127 https://www.parlament-berlin.de/ados/18/Kult/protokoll/k18-011-wp.pdf

128 https://www.raa-sachsen.de/support/chronik?suche=Kultur&page=2

129 https://www.parlament-berlin.de/ados/18/Kult/protokoll/k18-011-wp.pdf

130 https://www.facebook.com/afdfraktion.lsa/posts/1607709849251650; https://

www.afdfraktion-lsa.de/dr-tillschneider-ein-starkes-theater-braucht-eine-
starke-nationalidentitaet/

131 https://marcjongen.de/afd-fraktion-erhaelt-vorsitz-in-3-ausschuessen/

132 Mitteilung des Thalia Theaters

133 https://afdkompakt.de/2018/05/15/berliner-maxim-gorki-theater-im-links-
politischen-propaganda-modus/

134 Mitteilung des Theaters

135 Mitteilung des Theaters

136 Mail Report-Antisemitism

137 https://www.raa-sachsen.de/support/chronik/vorfaelle/bautzen-198

138 ›Angriff auf die Kunstfreiheit?‹: AfD geht gegen Kulturprojekte vor‹, in: *Berliner Zeitung*, 30.10.2018, https://www.berliner-zeitung.de/mensch-metropole/angriff-auf-die-kunstfreiheit-afd-geht-gegen-kulturprojekte-vor-li.16658

139 https://afd-mv.de/aktuelles/2018/11/kunst-ohne-diskurs-fuer-einen-kulturellen-meinungspluralismus/

140 ›Bombendrohung gegen Konzert von Feine Sahne Fischfilet‹, in: *Der Spiegel*, 15.11.2018, https://www.spiegel.de/kultur/musik/chemnitz-feine-sahne-fischfilet-konzert-nach-bombendrohung-unterbrochen-a-1238712.html

141 Siehe Fußnote 31

142 Mitteilung des Veranstalters

143 http://www.buergerschaft-hh.de/parldok/dokument/64615/erklaerung_der_
vielen_parteipolitische_und_weltanschauliche_einflussnahme_durch_die_
behoerde_fuer_kultur_und_medien_sowie_durch_oeffentlich_gefoerdert.
pdf

144 Pressemitteilung AKuBiZ e.V., https://www.raa-sachsen.de/support/chronik?suche=Kultur&page=2
https://www.saechsische.de/angriff-auf-die-kulturkiste-5017983.html

145 https://dserver.bundestag.de/btp/19/19077.pdf#P.8960

146 Mail Report-Antisemitism

147 https://silke-schoeps.de/2019/06/20/presseerklaerung-der-neu-gewaehlten-stadtraete-der-afd-dresden-zum-umgang-mit-dem-festspielhaus-hellerau-ezkd/

148 Rüdiger Soldt, a.a.O.

149 Ole-Jonathan Gömmel: »Danke dafür, AfD‹ – Warum Osnabrücker Schüler von rechts angefeindet werden‹, in: *Der Spiegel*, 15.5.2019, https://www.spiegel.de/politik/deutschland/osnabrueck-afd-kritisches-schul-theaterstueck-fuehrt-zu-rechten-anfeindungen-a-7ba3ab04-1010-4639-b3dd-a738d6a97f55; https://afdkompakt.de/2019/05/13/proteste-nach-schulauffuehrung-in-osnabrueck-mit-verleumdung-der-afd/

150 Mail Report-Antisemitism

151 Mitteilung der Betroffenen; Wolfgang Hübner: ›Agentin Judith sorgt für Umvolkungs-Theater‹, in: *PI News*, 22.10.2019, http://www.pi-news.net/2019/10/agentin-judith-sorgt-fuer-umvolkungs-theater/

152 Igor Levit, a.a.O.

153 https://www.presseanzeigen24.com/artikel/medien-kultur/AfD-fraktion-kritisiert-die-mangelnde-eigentragfaehigkeit-der-kunst/51735.html

154 Mail Report-Antisemitism

155 Mitteilung EinTanzhaus

156 ›Ausländerfreindliche Zwischenrufe und ein verletzter Schauspieler‹, in: *Welt*, 12.1.2020, https://www.welt.de/politik/deutschland/article204949368/Dresden-Auslaenderfeindliche-Zwischenrufe-und-ein-verletzter-Schauspieler.html; Mitteilung des Intendanten

157 Stephan Zwerenz: ›AfD im Kampf gegen unliebsame Kultureinrichtungen‹, in: *Flurfunk*, 25.2.2020, https://www.flurfunk-dresden.de/2020/02/25/afd-im-kampf-gegen-unliebsame-kultureinrichtungen/; Holger Wetzel: ›Wegen Höcke-Zitat: AfD will Theater Erfurt die Mittel kürzen‹, in: *Thüringer Allgemeine*, 12.2.2020, https://www.thueringer-allgemeine.de/politik/wegen-hoecke-zitat-afd-will-theater-erfurt-die-mittel-kuerzen-id228408153.html

158 https://dubisthalle.de/kulturfreiheit-in-gefahr-debatte-um-AfD-antrag-im-stadtrat

159 Fabian Dombrowski, a.a.O.

160 Daniel Salpius, a.a.O.

161 https://afd-thl.de/2020/04/19/kniese-keine-steuermittel-fuer-ueberfluessige-linksideologische-kulturprojekte-und-weltfremde-genderbeauftragte/

162 ›Datenabfrage zu Böhmermann‹, a.a.O.

163 https://padoka.landtag.sachsen-anhalt.de/files/plenum/wp7/114stzg.pdf; https://www.landtag.sachsen-anhalt.de/viel-erreicht-und-doch-eine-branche-in-not/?fbclid=IwAR0NC8-xIuWjldiUXj3J3Lb5qxiT-Ot-d89rO0EY2pj-UXrTdpaUItpg4H8; https://www.landtag.sachsen-anhalt.de/plenarsitzungen/55-sitzungsperiode/#/?accordion=0&accordionPlen-ar=6&accordionVideo=1

164 https://dserver.bundestag.de/btd/19/243/1924329.pdf

165 https://dserver.bundestag.de/btd/19/246/1924662.pdf

166 Carolina Schwarz: ›Der Mob vor der Tür‹, in: *die tageszeitung*, 12.4.2021, https://taz.de/Doxing-von-Autorin-Jasmina-Kuhnke/!5760862/

167 Mitteilung des Theaters; https://www.youtube.com/watch?v=Ak-Mtt39vLw; Interview mit einer Theatermitarbeiterin; Maria Schneider, a.a.O.

168 Mitteilung Direktion Stadtbibliothek München

169 https://www.raa-sachsen.de/support/chronik/vorfaelle/bautzen-5279

170 Mitteilung des Labels

171 https://www.raa-sachsen.de/support/chronik?page=13

172 Mail des Börsenvereins des Deutschen Buchhandels

173 Frank Bachner: ›Schon wieder Bücher in Zentralbibliothek Tempelhof-Schöneberg zerstört‹, in: *Tagesspiegel*, 12.5.2022

174 https://afd-unterallgaeu-memmingen.de/aktuelles/2021/10/das-grosse-schweigen-programmgestaltung-am-landestheater-schwaben/; Mitteilung der Intendantin

175 ›Der Kunstverein Zwickau ist ins Visier von Rechtsradikalen geraten und wird massiv bedroht‹, in: *Leipziger Volkszeitung*, 13.12.2021; Mitteilung des Leiters des Kunstvereins

Alle Quellen wurden zuletzt abgerufen am 27.10.2022, 30.12.2022 oder am 1.1.2023.

Peter Laudenbach ist Berliner Theaterkritiker der *Süddeutschen Zeitung*, er schreibt regelmäßig für die Wirtschaftszeitschrift *brand eins* und gelegentlich für die *taz*. Letzte Buchveröffentlichungen: *Zum Himmel, zur Hölle, zum Mehrwert. Interviews mit Alexander Kluge 2021–2001* und, mit Kai Matthiesen und Judith Muster, *Die Humanisierung der Organisation*.

Michela Murgia   Faschist werden
Eine Anleitung

Die Demokratie muss weg. Und die Alternative steht
schon bereit. Michela Murgias virtuose, hochaktuelle Sa-
tire verunsichert, provoziert und wirft die Frage auf: Wie
faschistisch sind Sie?
Aus dem Italienischen von Julika Brandestini
Broschiert. 112 Seiten

Wolfgang Ullrich   Feindbild werden
Ein Bericht

Wieder stellt sich Wolfgang Ullrich einem hochaktuellen
Thema: Ist der viel beschriebene und diskutierte Rechts-
drall in den ostdeutschen Ländern auch in der zeitgenössischen Kunst sichtbar?
Broschiert. 160 Seiten

Wenn Sie mehr über den Verlag und seine Bücher wissen
möchten, schreiben Sie uns eine Postkarte oder elektro-
nische Nachricht (mit Anschrift und E-Mail). Wir infor-
mieren Sie dann regelmäßig über unser Programm und
unsere Veranstaltungen.

Verlag Klaus Wagenbach   Emser Straße 40/41   10719 Berlin
www.wagenbach.de   vertrieb@wagenbach.de

© 2023 Verlag Klaus Wagenbach, Emser Straße 40/41,
10719 Berlin   www.wagenbach.de

Umschlaggestaltung: Julie August.
Gesetzt aus der Garamond und der Akzidenz Grotesk.
Zum Gendern wird auf Wunsch des Autors ein : verwendet.
Gedruckt auf chlor- und säurefreiem Papier und gebunden
bei Pustet, Regensburg. Printed in Germany.
Alle Rechte vorbehalten.

ISBN   978 3 8031 3731 9